ORAÇÕES PARA TRANSFORMAR A SUA VIDA

Dados Internacionais de Catalogação na Publicação (CIP)
(Câmara Brasileira do Livro, SP, Brasil)

Orações para transformar a sua vida / tradução Euclides Luiz Calloni, Cleusa Margô Wosgrau. — 1. ed. — São Paulo : Pensamento, 2015.

Título original: God's help for your every need.
ISBN 978-85-315-1905-5
1. Bíblia — Citações 2. Orações.

15-01372   CDD-242.8

Índices para catálogo sistemático:
1. Orações : Coletâneas : Cristianismo 242.8

ORAÇÕES PARA TRANSFORMAR A SUA VIDA

Tradução
Euclides Luiz Calloni
Cleusa Margô Wosgrau

Editora
Pensamento
SÃO PAULO

Título original: *God's Help for Your Every Need.*
Copyright © 2012 Mark Gilroy Creative, LLC (www.markgilroy.com).
Copyright da edição brasileira © 2015 Editora Pensamento-Cultrix Ltda.
Publicado originalmente por Howard Books.
Publicado mediante acordo com Howard Books, uma divisão da Simon & Schuster, Inc.
Texto de acordo com as novas regras ortográficas da língua portuguesa.
1ª edição 2015.
1ª reimpressão 2016.
Todos os direitos reservados. Nenhuma parte deste livro pode ser reproduzida ou usada de qualquer forma ou por qualquer meio, eletrônico ou mecânico, inclusive fotocópias, gravações ou sistema de armazenamento em banco de dados, sem permissão por escrito, exceto nos casos de trechos curtos citados em resenhas críticas ou artigos de revista.

A Editora Pensamento não se responsabiliza por eventuais mudanças ocorridas nos endereços convencionais ou eletrônicos citados neste livro.

Editor: Adilson Silva Ramachandra
Editora de texto: Denise de C. Rocha Delela
Coordenação editorial: Roseli de S. Ferraz
Preparadora de textos: Alessandra Miranda de Sá
Produção editorial: Indiara Faria Kayo
Editoração eletrônica: Fama Editora
Revisão: Claudete Agua de Mello e Vivian Miwa Matsushita

Direitos de tradução para o Brasil adquiridos com exclusividade pela
EDITORA PENSAMENTO-CULTRIX LTDA., que se reserva a propriedade literária desta tradução.
Rua Dr. Mário Vicente, 368 — 04270-000 — São Paulo — SP
Fone: (11) 2066-9000 — Fax: (11) 2066-9008
http://www.editorapensamento.com.br
E-mail: atendimento@editorapensamento.com.br
Foi feito o depósito legal.

SUMÁRIO

Introdução 9
Como Usar Este Livro 10

LAR E FAMÍLIA

Protege a minha família 15
Quero um casamento melhor 17
Minha família está em desarmonia 19
Preserva meus filhos das más influências 21
Eu preciso encontrar o equilíbrio 23
Uma pessoa que eu amo precisa da salvação 25
Eu quero me casar 27
A baixa autoestima do meu filho 29
Uma pessoa que amo está doente 31
Ajuda meus filhos a tomarem decisões sensatas 33
Abençoa o meu marido (ou a minha esposa) 35
Quero demonstrar amor à minha família 37
Estamos com problemas conjugais 39
Meu filho vive angustiado e não sei como ajudá-lo ... 41
Quero que toda a minha família se salve 43
Quero que a minha família viva unida 45

A saúde dos meus pais está se deteriorando 47
Protege os nossos votos conjugais 49
Meus filhos são revoltados 51
Quero deixar uma herança de fé 53

ATITUDES E EMOÇÕES

Preciso de sono e descanso 57
Sinto-me culpado 59
Preciso de coragem 61
Um amigo me traiu 63
Eu me sinto um fracasso 65
Preciso de paz 67
Preciso mudar minhas atitudes 69
Preciso de confiança 71
Estou cheio de raiva 73
Eu me sinto muito só 75
Eu preciso de cura 77
Sinto-me sobrecarregado 79
Dá-me um coração agradecido 81
Estou preocupado 83
Preciso de um amigo 85
Estou desanimado e deprimido 87
Eu julgo as pessoas 89

TRABALHO E DINHEIRO

Preciso de um emprego 93
Passo por necessidades financeiras urgentes 95
Minha empresa passa por dificuldades 97
Estou insatisfeito com meu trabalho 99
Estou sendo processado 101

Preciso do apoio do meu chefe	103
Eu gostaria de ser promovido	105
Corro o risco de comprometer o meu caráter	107
Quero demonstrar generosidade com alegria	109
Preciso agir imediatamente	111
Eu gostaria de ter uma nova casa	113
Tenho uma ótima oportunidade	115
Estou com dificuldades financeiras	117
Preciso ser criativo	119
Preciso viver de acordo com os meus recursos	121

DESENVOLVIMENTO ESPIRITUAL

Estou sofrendo tentações	125
Preciso de persistência	127
Quero ser forte na oração	129
Estou espiritualmente à deriva e preciso "voltar para casa"	131
Preciso perdoar	133
Quero ser um exemplo de fé e integridade	135
Abençoa o meu guia espiritual	137
Preciso amadurecer	139
Preciso ser perdoado	141
Quero incentivar outras pessoas	143
Preciso simplificar a minha vida	145
Renova as minhas forças	147
Quero superar as adversidades	149
Estou mudando de endereço	151
O meu caráter	153
Preciso de proteção contra ensinamentos falsos	155
Não consigo carregar o meu fardo	157
Tenho dúvidas	159

Preciso me alegrar e rir 161
Preciso mudar as minhas prioridades 163
Oração de natal 165
Quero me aproximar mais de Deus 167
Meu grande pecado 169
A minha igreja está ruindo 171
Não vou desistir 173

MISSÃO E SERVIÇO AO PRÓXIMO

Quero ser uma bênção para os outros 177
Estou aborrecido e não tenho objetivos 179
Quero compartilhar a minha fé 181
Preciso de esperança para o futuro 183
Quero ser uma influência positiva 185
Ajuda-me a amar o mundo em que vivo 187
Sinto-me chamado ao ministério 189

**Apêndice A: 20 passagens bíblicas importantes sobre
   a oração** 191
Apêndice B: Breve lição sobre a oração 197

Índice das Escrituras 205

Introdução

CONVITE

Assim, aproximemo-nos com confiança do trono da graça a fim de obtermos misericórdia e alcançarmos graça, como auxílio oportuno.

— Hebreus 4,16

Oração é muito mais do que palavras dirigidas a Deus. A oração remonta ao início dos tempos, ao Jardim do Éden, onde Deus passeava e falava diariamente com Adão e Eva, preparando o ambiente para que todos percebessem e compreendessem seu desejo de ser nosso companheiro.

Oração é o convite de Deus para nos colocarmos diante da Sua presença com confiança, sem medo. É um convite para expressarmos nossas angústias, necessidades e preocupações.

Oração é o antídoto de Deus para as toxinas do medo, do cinismo, do ceticismo e do egocentrismo.

Oração é a oportunidade extraordinária que temos para aumentar nossa fé e confiança, ao manifestarmos nosso amor, gratidão e louvor a Deus.

Oração é o momento em que confessamos nossos pecados a Deus, nos arrependemos e recebemos o perdão.

Você está recebendo um presente maravilhoso, fruto do anseio de Deus de permanecer na sua companhia. Esse presente se chama oração.

E a oração dos que prepararam este livro é que, aceitando esse amável convite, você possa sentir mais plenamente a paz, a alegria, o propósito, a sabedoria e a força que emanam do seu encontro com Deus.

COMO USAR ESTE LIVRO

1. Recolhido num lugar tranquilo, livre de ruídos e distrações, leia as passagens da Bíblia introdutórias a cada oração, em ritmo lento, atento, meditativo. Deixe a verdade da Palavra de Deus penetrar em sua mente e em seu coração, intensificando assim o momento de devoção.
2. Ao início de cada oração, procure aquietar a sua mente. Se as emoções e os pensamentos continuarem agitados, releia as passagens bíblicas e faça uma pequena prece pedindo a Deus que o ajude a se concentrar.
3. Faça as orações deste livro em voz alta, intensificando assim a sensação da presença de Deus Onipotente, Criador do universo e Salvador do mundo. Ele está ao seu lado onde quer que você se encontre.
4. O número de palavras que você usa em suas orações não tem importância nenhuma. O que importa é a sinceridade do seu coração e a sua confiança de que Deus ouve a sua prece e a atende. Por isso, para Deus, a repetição é desnecessária. Para você, porém, ela pode ser proveitosa, de modo que, em dias de sua escolha, talvez você prefira fazer uma oração em voz alta várias vezes. Se quiser, pode também fazer uma mesma oração todos os dias, durante semanas ou até meses. Outra possibilidade consiste em deixar o livro de lado e dirigir uma prece a Deus com suas próprias palavras.
5. Ao compenetrar-se das passagens bíblicas e fazer sua oração em voz alta, faça sempre algumas pausas para escutar a voz

de Deus. Pouquíssimas pessoas conseguem realmente ouvir a voz divina, mas milhares de pessoas de fé dão seu testemunho de que ouvem mensagens muito claras de Deus na forma de impressões em seu coração.

6. Obedeça. Sempre que Deus vai ao encontro das suas necessidades, Ele orienta e encaminha você para atos de serviço; para novos pensamentos, atitudes e ações; para aspectos que você precisa excluir da sua vida. Estas orações devem produzir de fato uma transformação em sua vida, o que ocorre quando você responde a Deus com obediência.

7. Faça essas orações com outras pessoas. Em certos momentos, a oração deve ser solitária; em outros, duas ou mais pessoas podem se reunir em nome de Jesus e assim testemunhar da realização da vontade de Deus. A oração é um lembrete de que você não está sozinho em suas necessidades. Deus está com você, do mesmo modo que estão também os que o acompanharem em suas orações.

8. Creia com todo o seu coração, a sua alma e a sua mente que Deus ouve suas preces e as atende. Ele *sempre* ouve as suas orações e as responde. Algumas respostas podem demorar e você precisa ter paciência; outras podem ser diferentes do que você esperava. Não obstante, acredite sempre na promessa de Deus de que Ele ouve a sua voz e lhe responde.

9. Mescle o seu período de oração com expressões de louvor e de agradecimento. Nada predispõe o seu coração e a sua mente de modo mais favorável, rápido e pleno do que tomar consciência do seu verdadeiro relacionamento com Deus. Ele é digno de todo louvor e de toda glória.

10. Orações espontâneas, pessoais, são perfeitamente válidas, e talvez sejam até as suas preferidas. Às vezes é interessan-

te pôr no papel uma oração que expressa com mais clareza os seus sentimentos em relação a Deus. Além de recorrer às orações deste livro, escreva algumas das preces pessoais para necessidades específicas, orações que talvez brotem naturalmente do seu coração. Não sabe por onde começar? Procure uma passagem das Escrituras que seja realmente significativa para você e transforme-a em ponto de partida da sua devoção.

LAR E FAMÍLIA

*Cristo é o centro do nosso lar:
um convidado a cada refeição, um ouvinte
silencioso de todas as nossas conversas.*
— Autor Desconhecido

O Senhor é teu guardião, sempre ao teu
lado. De dia, o sol não te fará mal,
nem a lua durante a noite.
O Senhor te resguardará de todo o mal,
Ele velará sobre a tua vida: o Senhor
guardará os teus passos, agora e para sempre.
— Salmo 121,5-8

"Pois que se uniu a mim", diz o Senhor, "eu o livrarei;
e o protegerei, pois conheceu o meu nome.
Quando me invocar, eu o atenderei;
Na tribulação estarei com ele;
hei de livrá-lo e o glorificarei.
Será favorecido com longa vida,
e lhe mostrarei a minha salvação."
— Salmo 91,14-16

Mesmo que todas as hostes da morte e todos os
poderes desconhecidos do inferno assumam
suas formas mais horrendas do furor e
da maldade, eu estarei salvo, pois tenho em
Cristo um poder maior e graça protetora.
— Isaac Watt

PROTEGE A MINHA FAMÍLIA

Senhor Amado,
Peço que protejas os meus familiares no decorrer de todo este dia. Sei que existem neste mundo forças malignas e pessoas maldosas que só querem prejudicar os outros, até mesmo crianças. Em nossa cultura, são incontáveis as mensagens negativas que simplesmente aviltam uma família amorosa. Observando à minha volta, vejo as inumeráveis situações em que maridos e mulheres deixaram de se amar, em que pais e filhos pouco se preocupam uns com os outros.

São muitos os meus temores com relação à minha família. Trago esses temores à Tua presença e peço que os substituas por uma confiança profunda de que cuidas de mim e de todos os meus. Tu amas as famílias e queres que sejam recantos de segurança e amor.

Em nome da minha família, expresso a minha fé em Ti com absoluta confiança. Tu te importas com a segurança da minha família. Queres o bem, não o mal, para cada um de nós. Agradeço-Te desde já por proteger os nossos caminhos e afastar os nossos passos do mal. Tenho certeza de que nos defenderás de toda forma de maldade, seja de perigos físicos, seja de tentações espirituais.

Senhor, és o escudo da minha família.

*Submetei-vos uns aos outros no temor de Cristo.
As mulheres estejam sujeitas aos seus maridos, como
ao Senhor, porque o homem é cabeça da mulher, como
Cristo é cabeça da Igreja e o salvador do Corpo. Como
a Igreja está sujeita a Cristo, estejam as mulheres
em tudo sujeitas aos seus maridos.
E vós, maridos, amai as vossas mulheres, como
Cristo amou a Igreja e se entregou por ela, a
fim de purificá-la com o banho da água e
santificá-la pela Palavra, para apresentar a si
mesmo a Igreja, gloriosa, sem mancha nem ruga,
ou coisa semelhante, mas santa e irrepreensível.*

— Efésios 5,21-27

*Que o vosso amor seja sem hipocrisia,
detestando o mal e apegados ao bem; com amor
fraterno, tendo carinho uns para com os outros,
cada um considerando o outro como mais digno de estima.*

— Romanos 12,9-10

*No casamento, cada parceiro deve ser um
incentivador, não um crítico; alguém que
perdoa, não que acumula mágoas; um
confortador, não um reformador.*

— H. Norman Wright e Gary J. Oliver

QUERO UM CASAMENTO MELHOR

Deus de Misericórdia e Amor,
    Tu nos criaste para que nos amemos uns aos outros e para que o casamento seja um vínculo especial de amor, confiança e respeito mútuo entre marido e mulher.
    Eu amo minha mulher (marido), mas vejo que nos falta muito do que planejaste para nós. Não conseguimos expressar o amor, o afeto, o respeito e as palavras que alimentam uma relação harmoniosa.
    Ao recorrer a Ti para que me ajudes a recompor o meu casamento, ó Deus, não trago queixas e críticas à minha mulher (marido), mas deposito meus próprios pecados e defeitos diante de Ti. Não tenho as palavras, os pensamentos, as atitudes e as iniciativas que poderiam ajudar a melhorar o meu casamento com as minhas próprias forças. Preciso que insufles em mim a Tua graça e sabedoria para que eu possa compartilhá-las com meu cônjuge.
    Com a Tua ajuda, prometo fazer tudo o que me é possível para melhorar o meu casamento. Peço que me dês paciência quando não conseguir resolver os problemas imediatamente ou quando minha parceira (parceiro) não reagir como eu gostaria. Acima de tudo, peço que me ajudes a respeitar e a amar minha mulher (marido) como nos ensinaste pelo Teu amor à Igreja.
    Expresso a minha fé de que que podes renovar todas as coisas — e de que podes transformar o meu casamento numa relação de respeito, de amor e de alegria. Continua abençoando-me como eu abençoo o meu cônjuge e o meu casamento.
    Faço esses pedidos no nome bendito de Jesus.

Toda amargura, ira, indignação, gritaria e injúria, bem como toda malícia, sejam afastadas do meio de vós. Sede bondosos e compassivos uns com os outros, perdoando-vos mutuamente, como Deus, em Cristo, vos perdoou.

— Efésios 4,31-32

Finalmente, fortalecei-vos no Senhor e na força do seu poder. Revesti-vos da armadura de Deus, para poderdes resistir às ciladas do demônio. Pois não é contra homens de carne e sangue que temos de lutar, mas contra os principados e potestades, contra os príncipes deste mundo de trevas, contra as forças espirituais do mal que povoam os ares.

— Efésios 6,10-12

A prova de que amas uma pessoa não está em manifestações efusivas de afeto por ela, mas sim nas tuas ações, nas tuas palavras, no teu sacrifício e na disposição de dar o melhor de ti mesmo sem querer nada em troca.

— Katherine Walden

MINHA FAMÍLIA ESTÁ EM DESARMONIA

Pai do Céu,

A minha casa está mergulhada em conflitos. Não somos bons uns com os outros. Em vez de nos apreciar mutuamente, nós nos afrontamos. Nossas palavras são ríspidas e cheias de raiva. Mal posso acreditar que a situação tenha chegado a esse ponto. Às vezes me sinto tão infeliz e prostrado, que tenho vontade de desistir de tudo e ir embora.

Tu és o Criador do universo, e quando terminaste o mundo, a primeira coisa que criaste foi a família. A Tua vontade é que os membros da família se mantenham unidos; que sejam leais e positivos; que perdoem quando ocorrem desentendimentos; que a família seja um recanto seguro que transmita a cada um dos seus membros confiança para enfrentar os desafios da vida.

Perdoa-me todo e qualquer mal que eu tenha feito à minha família; ajuda-me a buscar humildemente o perdão daqueles que magoei. Dá-me o Teu coração benevolente para que eu possa perdoar toda ofensa que tenha sido cometida contra mim. Arranca toda amargura e rancor do meu coração.

Mesmo que eu seja o único da família empenhado em trazer a graça para minha casa, agradeço-Te a força e a coragem de me tornares um agente de mudança no meu ambiente. Obrigado por te comunicares com outros familiares neste momento e pela mudança já estar ocorrendo.

Andarei na trilha da Tua bondade, misericórdia e perdão durante este dia.

Peço isso em nome do Senhor Jesus.

Colocai estas minhas palavras no vosso coração e na vossa alma. [...] Ensinai-as aos vossos filhos, falando delas sentado em tua casa e andando em teu caminho, deitado e de pé; tu as escreverás nos umbrais da tua casa, e nas tuas portas, para que vossos dias e os dias de vossos filhos se multipliquem sobre a terra que o Senhor jurou dar aos vossos pais, e sejam tão numerosos como os dias em que o céu permanecer sobre a terra.

— Deuteronômio 11,18-21

"Deixem-me expor-lhes da maneira mais clara possível. Se alguém pular ou passar pelo cercado do aprisco, em vez de entrar pelo portão, sabeis que ele não tem boas intenções — é ladrão de ovelhas. O pastor dirige-se ao portão. O porteiro abre o portão para ele e as ovelhas reconhecem a sua voz. Ele chama as ovelhas pelo nome e as conduz para fora. Quando todas saíram, ele caminha à frente delas e elas o seguem, pois conhecem a sua voz. Elas não seguirão um estranho, mas fugirão dele, porque não conhecem a voz de estranhos."

— João 10,1-5 (The Message)*

Crianças são como cimento fresco. O que cai sobre elas deixa marcas.

— Dr. Haim Ginott

---

* Versão bíblica do NavPress Publishing Group.

PRESERVA MEUS FILHOS DAS MÁS INFLUÊNCIAS

Deus Todo-Poderoso,

Não consigo lidar com todas as artimanhas que o nosso inimigo, Satanás, utiliza para destruir espiritualmente nossos filhos. Ele se insinua na vida deles com ideias maliciosas na escola, pela televisão, pela internet, por meio das amizades.

Mais do que um lar amoroso e uma boa educação, quero dar aos meus filhos o presente mais valioso: conhecer-Te. Quero que recebam muitas bênçãos, mas acima de tudo que encontrem a alegria da salvação.

Concede-me sabedoria para discernir o grau de liberdade e de proteção que devo dar aos meus filhos. Dá-me a graça de ser um modelo do que quero que eles sejam. Quando estão fora de casa e recebem influências maléficas contra as quais não posso protegê-los pessoalmente, peço que os ajudes a lembrarem as minhas palavras de advertência e que os amo muito. Alimento a confiança profunda de que viverão as Tuas palavras e o Teu amor de modo tão intenso, que não se deixarão seduzir pelo mal.

Tu és o Bom Pastor e espantas os animais ferozes para longe do rebanho. Peço que faças isso pelos meus filhos hoje.

Faço esse pedido agradecendo Tua generosidade para comigo.

Sede equilibrados (moderados, de espírito sóbrio), sede sempre vigilantes e cautelosos; pois o vosso inimigo, o demônio, anda ao redor de vós como um leão a rugir [com fome voraz], procurando a quem agarrar e devorar.

— 1 Pedro 5,8 (AMP)*

Aprendi a contentar-me (satisfeito de modo a não sentir perturbação ou ansiedade) em toda e qualquer circunstância.

— Filipenses 4,11

Dê cada passo com muito cuidado e atenção. Lembre que a vida é um grande ato de equilíbrio.

— Dr. Seuss

---

* Versão Amplified Bible. The Lockman Foundation.

EU PRECISO ENCONTRAR O EQUILÍBRIO

Deus amado, meu Guia,

Constato que o desequilíbrio está muito presente em minha vida. A relação entre trabalho, descanso, lazer, família, culto e serviço ao próximo está desordenada. Dedico uma atenção quase doentia a alguns aspectos da vida e descuido inteiramente de outros que são realmente importantes para mim — e para Ti.

Sei que, se eu buscar a Ti e a Teu reino em primeiro lugar, se fores a prioridade número um na minha vida, tudo o mais se organizará naturalmente. Por isso, declaro todo meu amor e devoção a Ti neste momento.

Preciso também da Tua orientação para definir prioridades e organizar a minha vida. Inspira meu coração e minha mente para que eu siga a direção que me apontares. Se já me sugeriste os aspectos a que devo me dedicar e aqueles a que posso dar menor importância, e eu não prestei atenção, abro meus ouvidos à Tua voz neste instante.

Agradeço por me aproximares de Ti por meio da oração. Pelo simples fato de expressar estas singelas palavras de fé, já me sinto mais sintonizado com a Tua vontade.

Peço isso com amor e fé, e em nome de Jesus.

Mostra-nos tua misericórdia, ó Senhor,
e concede-nos tua salvação.
Escutarei o que diz o Senhor Deus,
porque ele diz palavras de paz
ao seu povo, para seus fiéis, e àqueles
cujos corações se voltam para ele.
— Salmo 85,8-9

"Depois disso, derramarei o meu Espírito sobre toda carne. Vossos filhos e vossas filhas profetizarão, vossos anciãos terão sonhos, vossos jovens terão visões. Então, todo aquele que invocar o nome do Senhor, será salvo. Porque no monte Sião haverá salvação, como o Senhor falou, e em Jerusalém sobreviventes que o Senhor chama."
— Joel 3,1, 5

Ninguém é excluído do chamado de Deus; a porta da salvação está aberta a todos. Além disso, nada nos impede de entrar, a não ser a nossa própria incredulidade.
— João Calvino

UMA PESSOA QUE AMO PRECISA DA SALVAÇÃO

Amado Deus Salvador,

Obrigado pela graça da salvação, por fazeres de mim uma nova pessoa pelo sangue de Jesus Cristo. Agradeço também por teres colocado o Teu amor em meu coração, para que eu possa ver e amar o próximo como Tu o vês e amas.

Não quero julgar as pessoas. Somente Tu conheces o coração de homens e mulheres, de meninos e meninas. Mas conheço pessoas que não Te pediram perdão por seus pecados e que não Te reconhecem como Senhor de suas vidas. Neste momento penso particularmente em um dos meus familiares, e o apresento a Ti.

Na verdade, peço que fales diretamente ao coração e à mente dessa pessoa que eu amo. Tu conheces muito bem o orgulho e a resistência que a impedem de ir ao Teu encontro. Peço que derrubes essas barreiras no coração dela. Peço que a minha vida seja um testemunho da alegria da salvação. Peço que imprimas em minha mente palavras de graça e misericórdia com as quais eu possa influenciá-la. E também peço que me ajudes a perceber quando devo me calar e manter silêncio para que ela consiga ouvir a Tua voz.

Que essa pessoa que amo receba a graça da vida eterna no nome misericordioso de Jesus.

*Por isso o homem deixa seu pai
e sua mãe para se unir à sua mulher,
tornando-se os dois uma só carne.*

— Gênesis 2,24

*Coloca tua alegria no Senhor e ele
realizará os desejos do teu coração.*

— Salmo 37,4

Serás como casado o que és como solteiro, apenas que em grau maior. Todo traço de personalidade negativo intensifica-se numa relação conjugal, porque te sentes livre para baixar a guarda — a pessoa assumiu compromisso contigo e não precisas mais te preocupar com a possibilidade de afugentá-la.

— Josh McDowell

EU QUERO ME CASAR

Deus de Amor,
   Sei que não preciso me casar para ser uma pessoa completa, inteira e feliz. Sei que é melhor ficar solteiro do que me casar com a pessoa errada. Sei que me amas e tens um plano perfeito para a minha vida. Mas já sabes quanto eu desejo encontrar a companheira (companheiro) perfeita para mim e ficar com ela por toda a vida.
   Mesmo esperando encontrar a pessoa certa para mim, peço que me ajudes a me tornar a pessoa certa para ela. Ajuda-me a ser íntegro e generoso, fiel no casamento e empenhado em formar um lar feliz. Se houver necessidade de aprimorar aspectos da minha personalidade e da minha vida, peço que promovas essas mudanças em mim.
   Sabes que é grande o meu anseio por me casar, mas peço que me protejas e impeças de me unir à pessoa errada. Peço que me ajudes a encontrar uma pessoa que viva segundo os mesmos valores e crenças que eu e que se comprometa comigo da mesma maneira que eu me comprometerei com ela.
   Se já tens alguma pessoa em mente para mim, peço Tua proteção para ela e também para mim. Inspira-a a ser a pessoa que queres que ela seja e preserva-a de receios que possam tirar-lhe o gosto pelo casamento e pelo sexo oposto.
   Coloco a minha vida e o meu sonho de casar em Tuas mãos, confiando totalmente que a Tua percepção do momento oportuno está sempre correta. Obrigado por depositares o desejo do amor e do casamento em meu coração.
   No belo nome de Jesus, agradeço.

Sim! Tu plasmaste as entranhas do meu corpo, tu me teceste no seio materno. Eu te celebro por tanto prodígio, e me maravilho com as tuas maravilhas! Conhecias até o fundo do meu ser: meus ossos não te foram escondidos quando eu era feito, em segredo, tecido na terra mais profunda. Teus olhos viam o meu embrião. No teu livro estão todos inscritos os dias que foram fixados e cada um deles nele figura. Quão preciosos me são, ó Deus, os teus pensamentos! Quão grandes são as somas deles.

— Salmo 139,13-17

Vede que prova de amor nos deu o Pai: sermos chamados filhos de Deus. E nós o somos!

— 1 João 3,1

Deus ama a cada um de nós como se fôssemos a única pessoa existente.

— Santo Agostinho

A BAIXA AUTOESTIMA DO MEU FILHO

Pai Amoroso,

Tu sabes quanto amo o meu filho. E eu sei quanto Tu amas o meu filho. Não consigo entender por que ele está com a autoestima tão baixa. Mas Tu o conhecias antes mesmo que ele nascesse. Sabes como ele é física, espiritual e emocionalmente.

Em primeiro lugar, Deus amado, se estou fazendo alguma coisa que prejudica a autoestima do meu filho, da qual não tenho consciência, ajuda-me a descobrir o que é, para que então eu saiba que mudanças devo fazer. Se outra pessoa dentro ou fora da família está causando essa situação, peço que afastes do meu filho essa influência negativa.

Pai, se por meio dessas dificuldades do meu filho estás desenvolvendo nele uma qualidade peculiar, uma capacidade especial para amar e servir, peço que dês a todos nós paciência para que deixemos Teu trabalho perfeito produzir seus resultados na vida dele.

Mas Pai, meu desejo mais profundo e meu pedido maior é que meu filho saiba sem a menor dúvida quanto Tu o amas e como esse amor o torna precioso. Restabelece sua autoestima com a ajuda dessa confiança e conhecimento.

Peço isso no nome inigualável de Jesus.

Alguém dentre vós está doente? Mande chamar os presbíteros da Igreja para que orem sobre ele, ungindo-o com óleo em nome do Senhor. A oração da fé salvará o enfermo e o Senhor o restabelecerá. E se tiver cometido pecados, estes lhe serão perdoados.

— Tiago 5,14

Penso, com efeito, que os sofrimentos do tempo presente não têm proporção com a glória que deverá revelar-se em nós.

— Romanos 8,18

Cristo viveu a nossa experiência: ele sofreu como nós sofremos; morreu como nós morreremos; e no deserto, durante quarenta dias, suportou a luta entre o bem e o mal.

— Basil Hume

UMA PESSOA QUE AMO ESTÁ DOENTE

Ó Deus, ó Tu que promoves a cura,
A pessoa que amo está sofrendo. Angustia-me ver o sofrimento físico que ela está suportando.

Jesus curou cegos e aleijados, expulsou demônios, restituiu a saúde mental aos perturbados e devolveu a vida aos mortos. És Tu, ó Deus, que crias e dás a vida. Tu és o Médico Divino; podes realizar a cura física com uma simples ordem.

Segundo a Tua Palavra, o sofrimento pode ser um meio pelo qual alcançamos objetivos elevados que beneficiam tanto quem sofre quanto os que estão à sua volta. Quando sofremos, podes realizar obras incríveis em nós e por nosso intermédio.

Por isso, com toda minha fé, trago essa pessoa à Tua presença. Desejo que ela se cure completamente e que a dor abandone seu corpo. Peço com fé, acreditando que podes fazer isso. Com humildade e confiança, peço também que tudo se faça segundo a Tua vontade. Se essa pessoa for agraciada com a cura completa ou com um favor espiritual especial, ou as duas coisas — sei que estás atendendo à minha prece.

Peço isso em nome de Jesus, o Médico Divino.

*O temor do Senhor é o princípio da sabedoria,
e o conhecimento do Santo é a inteligência.*

— Provérbios 9,10

*Ensina à criança o caminho que ela deve seguir;
mesmo quando envelhecer, dele não se afastará.*

— Provérbios 22,6

Não te preocupes com o fato de as crianças não te ouvirem; preocupa-te com o fato de sempre te observarem.

— Robert Fulghum

AJUDA MEUS FILHOS A TOMAREM DECISÕES SENSATAS

Pai Misericordioso,

A cada dia meus filhos precisam tomar inúmeras decisões em diversas áreas: escolhas de relacionamentos, de lazer, de prioridades e muitas mais. Algumas decisões são de rotina, mas outras acarretam consequências futuras e espirituais muito importantes. Algumas decisões específicas que eles precisam tomar neste momento me preocupam muito.

Pai, esforço-me para conhecer a Tua vontade e tomar decisões prudentes na minha própria vida, como um bom exemplo para meus filhos. Quando tomo decisões erradas, peço que me dês a graça e a confiança de ser honesto e responsável diante de Ti e daqueles que eu amo. Pai, também lembrarei aos meus filhos que procurem a Tua sabedoria e orientação na oração.

Eu sei que, à medida que amadurecem, cada vez mais eles precisam tomar decisões próprias; por mais que eu queira lidar com as coisas eu mesmo, respeitarei a necessidade deles de amadurecer com o Teu auxílio. Pai, vivemos numa sociedade que procura se livrar das consequências das decisões; com a Tua ajuda, quero dar aos meus filhos condições para que assumam com responsabilidade as consequências de suas decisões.

O meu pedido neste momento, Pai, é que meus filhos confiem em Ti e saibam que Tu queres o melhor para a vida deles. Rogo que fortaleças neles a coragem para sempre tomarem as decisões corretas.

Agradeço-Te em nome de Jesus.

*O Senhor se lembra de nós e nos dará a sua bênção [...]
Abençoará os que temem o Senhor, os pequenos
como os grandes. Que o Senhor vos multiplique,
a vós e a vossos filhos. Sede benditos do
Senhor, que fez o céu e a terra.*
— Salmo 115,12-15

Eu sou do meu amado, e meu amado é meu.
— Cântico dos Cânticos 6,3

*Uma das coisas mais bonitas que podes dizer
ao teu parceiro: "Se eu tivesse de escolher
outra vez, escolheria você. De novo".*
— Autor Desconhecido

ABENÇOA O MEU MARIDO (OU A MINHA ESPOSA)

Pai Amoroso,

Desde o início da criação, plantaste em nosso coração o desejo do amor e da intimidade que só se encontram no casamento. Mesmo que as nossas atitudes e ações tenham prejudicado a reputação do casamento, sabemos no íntimo do nosso ser que Tu nos criaste para a união de alma e de mente que só pode se realizar pelos laços do matrimônio.

Hoje te agradeço por meu marido (esposa). Peço que fortaleças o nosso vínculo de amor, de entrega e de afeto um pelo outro. Peço que sejamos compreensivos um com o outro, rápidos no perdão, lentos para a irritação. Peço que nos ajudes a temperar nossas palavras com carinho e bondade.

Peço um favor especial para o meu marido (esposa) neste momento. Que ele sinta a Tua presença em tudo o que fizer hoje. Que ele sinta confiança nas conversas e nos afazeres, sabendo que é amado por Ti e por mim. Se ele estiver enfrentando algum problema ou dificuldade em particular, peço que seja fortalecido no seu interior, sabendo que estás com ele em cada passo do caminho.

Obrigado por amar a minha esposa (marido) e por tê-la confiado a mim.

Agradeço-Te em nome de Jesus.

"Dou-vos um mandamento novo: Amai-vos uns aos outros. Como eu vos tenho amado, assim também vós deveis amar-vos uns aos outros. Nisto reconhecerão todos que sois meus discípulos, se tiverdes amor uns pelos outros."
— João 13,34-35

Finalmente, tende todos um só coração e uma só alma, sentimentos de amor fraterno, de misericórdia, de humildade. Não pagueis mal com mal, nem injúria com injúria. Ao contrário, abençoai, pois para isto fostes chamados, para serdes herdeiros da bênção.
— 1 Pedro 3,8-9

Amai a família! Defendei-a e promovei-a como a célula básica da sociedade humana; cultivai-a como o santuário primordial da vida.
— Papa João Paulo II

QUERO DEMONSTRAR AMOR À MINHA FAMÍLIA

Deus Criador,

Confesso que às vezes sou mais atencioso e agradável com estranhos do que com meus familiares. Nós somos briguentos e impacientes uns com os outros. Assumo total responsabilidade por minhas atitudes e ações hoje e peço que me perdoes e que operes em meu íntimo para me transformar numa nova pessoa.

Sei que criaste a família para ser um recanto de amor e apoio. Meus familiares sabem que eu os amo, mas não estou demonstrando isso muito bem. Peço que transformes a minha impaciência em paciência. Quando eu estiver absorto em pensamentos, peço que me ajudes a dar atenção aos membros da minha família e a ouvi-los com boa vontade. E, quando eu lhes der atenção, ajuda-me a lembrar de agradecer-Te.

Muito obrigado por mostrar a todos nós toda a dimensão do Teu amor entregando a Tua vida na cruz. É esse sacrifício que me redime dos meus pecados e me dá nova vida. Quero ser melhor e expressar de modo mais pleno esse amor que puseste em meu coração.

Paciência. Solicitude. Bom humor. Amabilidade. Lentidão para me irritar. Mesmo que eu não diga uma única palavra a Teu respeito, peço que os meus familiares percebam que sou uma pessoa amorosa pelo modo como trato a todos.

Agradeço-Te no nome amoroso de Jesus.

Temos, portanto, um sumo sacerdote eminente que subiu aos céus: Jesus, Filho de Deus. Permaneçamos, então, firmes na fé. Com efeito, não temos nele um pontífice incapaz de se compadecer das nossas fraquezas, pois ele mesmo passou pelas mesmas provações que nós, com exceção do pecado. Assim, aproximemo-nos com confiança do trono da graça a fim de obtermos misericórdia e alcançarmos graça, como auxílio oportuno.

— Hebreus 4,14-16

O amor é paciente, o amor é prestativo, não é invejoso, não se ufana, não se incha de orgulho. Nada faz de inconveniente, não busca os seus próprios interesses, não se irrita, não guarda rancor. Não se alegra com a injustiça, mas se regozija com a verdade. Tudo desculpa, tudo crê, tudo espera, tudo suporta. O amor nunca falha.

— 1 Coríntios 13,4-8

Não é o vosso amor que sustenta o casamento; de agora em diante, é o casamento que sustenta o vosso amor.

— Dietrich Bonhoeffer

ESTAMOS COM PROBLEMAS CONJUGAIS

Pai do Céu,

Se o amor e o casamento se baseassem em emoções, acredito que eu não poderia continuar casado. Eu e minha mulher (marido) não estamos indo bem. A impressão é que não gostamos um do outro e que não nos amamos. A paixão que tínhamos quando fizemos nossas promessas diante de Ti se perdeu. Só achamos defeitos um no outro, discutimos e depois vivemos como se não nos conhecêssemos. Há dias em que nem mesmo nos preocupamos em continuar tentando.

Pai, peço que comeces a interferir no nosso casamento, iniciando Tuas ações em meu coração. Peço que as mesmas ações influenciem o coração e a vida da minha esposa (marido), mas, mesmo que comecem apenas em mim, dá-me forças para fazer tudo em nome do nosso casamento. Tu nos ensinaste que o amor é paciente e benévolo, que não se enraivece com facilidade e que não guarda ressentimentos. Tu nos ensinaste que o amor não é interesseiro nem busca vingança. Tu nos ensinaste que o amor sempre protege, sempre confia, sempre espera, sempre persevera. Tu nos ensinaste que o amor nunca falha.

Pai celeste, não quero que o nosso amor — o nosso casamento — fracasse. Quero que perseveremos. Assumo o compromisso de agir e viver o verdadeiro amor com a Tua ajuda.

Em nome de Jesus, que nos mostrou o que é o verdadeiro amor, obrigado.

Invoca-me e eu te responderei, revelando-te grandes coisas misteriosas que ignoras.
— Jeremias 33,3

Assim também o Espírito socorre a nossa fraqueza, porque não sabemos o que pedir como convém, nem orar como convém, mas o próprio Espírito intercede por nós com gemidos inefáveis, e Aquele que perscruta os corações sabe o que deseja o Espírito, pois só pede pelos santos segundo Deus.
— Romanos 8,26-27

Vive de modo tal que teus filhos se lembrem de ti quando pensarem em justiça, amabilidade e integridade.
— H. Jackson Brown, Jr.

MEU FILHO VIVE ANGUSTIADO E NÃO SEI COMO AJUDÁ-LO

Pai Celeste,

Tu sabes o que meu filho está passando no momento. Tu sabes quanto eu amo o meu filho e como é grande a minha vontade de fazer alguma coisa, qualquer coisa, para mudar essa situação — mas me sinto impotente. Não tenho forças para fazer o que quer que seja para ajudar a melhorar tudo isso. Não acredito que o problema tenha sido criado por meu filho, o que me leva a confessar que não acho isso justo.

Mas Tu és o Deus de toda compaixão, e agradeço por Te preocupares com este caso. Também agradeço por Te preocupares com os meus sentimentos. Sei que tens o poder de realizar milagres para alterar qualquer situação imediatamente. Se for a Tua vontade, peço que faças esse milagre agora. Eu sempre Te glorificarei por Tuas ações milagrosas.

Sei que às vezes não respondes exatamente do modo como gostaríamos, mas a Tua graça é suficiente para cada necessidade do meu filho — e para cada necessidade minha. Sei que encaminhas a solução de todos os problemas para aqueles que Te amam — e sabes quanto nós Te amamos.

Com toda a minha fé, e em Teu nome, sei em meu coração e expresso com meus lábios que meu filho é íntegro, completo e amado por Ti.

Peço em nome de Jesus.

> "Agora, Senhor Deus, sendo o Deus que és, dizendo palavras de verdade como dizes, e tendo acabado de dizer essas coisas maravilhosas a mim, faço só mais este pedido: abençoa a minha família; mantém sempre teus olhos voltados para ela. Já prometeste que farias isso, Senhor Deus! Que a tua bênção se derrame sobre a minha casa permanentemente."
> —2 Samuel 7,28-29 (The Message)

> *Em seguida, ele os fez subir para sua casa, pôs-lhes a mesa, e rejubilou-se com todos os seus por ter crido em Deus.*
> —Atos 16,34

> *Família significa que ninguém é deixado para trás ou esquecido.*
> — David Ogden Stiers

QUERO QUE TODA A MINHA FAMÍLIA SE SALVE

Amado Deus Salvador,

Tu me puseste na família que escolheste para mim, e eu sei que o Teu propósito e plano para nós é muito maior do que eu posso imaginar. Privilégios, responsabilidades e bênçãos especiais sempre nos acompanham quando fazemos parte de uma família. Quero amar o mundo inteiro — mas em primeiro lugar preciso demonstrar amor pelos meus próprios familiares.

Peço neste momento que toques o coração de algum membro da minha família que não conheça Jesus Cristo como seu Senhor e Salvador. Envia pessoas que Te conhecem, com a orientação de cruzarem o caminho desse familiar e lhe lembrarem do Teu grande amor. Dirige-te diretamente a ele por meio do Espírito Santo que julga o que é verdade e o que é pecado.

Faze com que minhas palavras sejam convincentes. Dá-me oportunidades para que eu expanda o amor que plantaste em meu coração. Peço que eu realmente demonstre a graça e o amor de um seguidor de Jesus Cristo mediante minhas ações. Que a minha vida seja um farol que atrai as pessoas a Ti.

Agradeço-Te, Senhor, por ninguém se perder. Toda a minha família se regozijará Contigo na eternidade, pois és o nosso Redentor.

No poderoso nome de Jesus, obrigado.

*Mantende-vos sempre unidos no Espírito
Santo e ligados pelo vínculo da paz.*
— Efésios 4,3

*Oh, como é bom, como é agradável para
irmãos unidos viverem juntos [...]
pois ali derrama o Senhor a sua bênção
e vida para todo o sempre.*
— Salmo 133,1, 3

*A família deve ser um grupo coeso.
O lar deve ser um abrigo de segurança em si
mesmo; uma escola onde se ensinam as lições
básicas da vida; uma igreja onde Deus é
cultuado; um espaço onde se desfrutam
diversão sadia e alegrias simples.*
— Billy Graham

QUERO QUE A MINHA FAMÍLIA VIVA UNIDA

Querido Pai do Céu,

Obrigado pela família que me deste. Não somos perfeitos — eu não sou perfeito — mas sou abençoado e muito agradecido pela família que tenho. Peço que ajudes a minha família a permanecer sempre unida por intermédio da presença do Espírito em nosso lar. Infunde em nosso coração um amor recíproco que vença todas as dificuldades que possam surgir no futuro.

Não me dirijo a Ti motivado por alguma crise, mas porque almejo que tudo o que já está bem melhore ainda mais. São tantos os lares desagregados hoje em dia, e eu quero que nós sejamos cada vez mais próximos uns dos outros.

Se estou contribuindo para algum desentendimento, peço que me ajudes nesse aspecto com a Tua graça e misericórdia. Ajuda-me a aprimorar a minha habilidade de me expressar e agir com sensatez e equilíbrio. Tu conheces as fraquezas da nossa família; ajuda-nos a vencê-las contemplando o Teu amor por nós. Obrigado por me auxiliares a me tornar um membro da família que transmite a todos os demais uma sensação de segurança e paz.

Peço em nome de Jesus.

Honra teu pai e tua mãe, conforme te mandou o Senhor, para que se prolonguem teus dias e prosperes sobre a terra que te deu o Senhor teu Deus.

— Deuteronômio 5,16

Bendize, ó minha alma, ao Senhor, e tudo o que existe em mim bendiga o seu nome santo! Bendize, ó minha alma, ao Senhor, e jamais te esqueças de todos os seus benefícios. É ele que perdoa as tuas faltas e sara as tuas enfermidades. É ele que salva tua vida da morte e te coroa de bondade e de misericórdia. É ele que cumula de benefícios a tua vida e renova a tua juventude como a da águia.

— Salmo 103,1-5

Só porque alguém não te ama do modo como queres, não significa que não te ame do melhor modo que lhe é possível.

— Autor Desconhecido

A SAÚDE DOS MEUS PAIS ESTÁ SE DETERIORANDO

Deus Pai,

Agradeço-Te por meus pais e por tudo o que eles fizeram por mim.

Tu conheces a situação deles; suas dificuldades aumentam à medida que a idade avança. Tu conheces as condições físicas, mentais e emocionais que os afligem no momento.

Peço que os aproximes cada vez mais de Ti e que, nesta etapa da vida, sintam o alento reconfortante do Teu amor e da Tua presença. Que a esperança e a promessa de vida eterna lhes sirvam de consolo em todos os momentos.

Também peço que orientes não só os meus pais, mas a todos os familiares a tomarem as melhores decisões com relação a tratamentos, moradia e a tudo o que possa contribuir para a saúde e o bem-estar deles.

Meus pais me apoiaram sempre que necessário. Peço que agora eu tenha forças para ser arrimo deles e bênção para ambos. Concede-me a energia e a graça para ser tudo o que for preciso para eles neste momento — e também para que cumpra todas as outras obrigações que a vida me impõe.

Rogo que ajudes meus pais a se recuperarem física e mentalmente para que possam se sentir bem e se manter adequadamente ativos.

Tudo em nome de Jesus.

*Assim agarremos, seguremos com firmeza e
conservemos sem vacilar a esperança que
alimentamos, confessamos e proclamamos,
pois Aquele que fez a promessa é confiável
(fidedigno) e fiel à Sua palavra. Consideremos
e dediquemos um cuidado atento e contínuo uns
pelos outros, imaginando como podemos instigar-nos
(estimular-nos, incitar-nos) ao amor,
às boas obras e a atividades nobres.*
— Hebreus 10,23-24 (AMP)

*Jesus respondeu-lhe: "Não lestes que o Criador, no
começo, 'fez o homem e a mulher'? e que disse:
'Por isso, o homem deixará seu pai e
sua mãe e se unirá à sua mulher e os dois
formarão uma só carne'? De modo que já
não são dois, mas uma só carne. Portanto,
não separe o homem o que Deus uniu".*
— Mateus 19,4-6

*O segredo de um bom casamento consiste em compreender
que ele deve ser pleno, permanente e se estabelecer em termos de igualdade.*
— Frank Pittman

PROTEGE OS NOSSOS VOTOS CONJUGAIS

Deus de Amor,

Agradeço-Te por minha esposa (marido). Ela é um presente para mim. Tu nos uniste para que amemos um ao outro até que a morte nos separe. Compreendo que nenhum relacionamento humano é perfeito, mas ainda podes Te servir tanto das nossas compatibilidades quanto das nossas diferenças para fazer de cada um de nós uma pessoa melhor.

Vivemos numa cultura que nem sempre respeita as promessas feitas diante do altar. Muitos indivíduos quebraram seus votos de fidelidade ao cônjuge. Como muitos não estão comprometidos com o preceito de não pecar contra a castidade, as tentações que nos assediam são incontáveis.

Quero estar entre os que se mantêm fiéis e sinceros à sua promessa de renunciar a todas as outras mulheres (homens) e de entregar-me somente à minha esposa (marido). Quero ser assim por meu companheiro, mas também por mim mesmo, e por fidelidade a Ti e à promessa do casamento que criaste. Peço que me dês sabedoria para não frequentar lugares e situações que promovem a infidelidade. Quando as situações fugirem ao meu controle e a tentação se apresentar, peço que me ajudes a fugir dela, assim como José se afastou da mulher de Putifar, conforme narra o livro do Gênesis.

Peço que eu nunca barganhe a minha integridade por um momento de prazer. Estás sempre ao meu lado e eu Te agradeço por me protegeres e abençoares meu compromisso com a pureza.

Agradeço-Te em nome de Jesus.

Meu filho, não desprezes a correção do Senhor
nem te espantes de que ele te repreenda;
porque o Senhor castiga aquele que ele ama
e pune o filho a quem muito estima.
— Provérbios 3,11-12

E vós, pais, não deis a vossos filhos motivo
de revolta contra vós, mas educai-os
na disciplina e correção do Senhor.
— Efésios 6,4

A juventude tende a viver como
se a adolescência fosse o último lance da
vida, em vez de ser uma preparação para ela.
— Autor Desconhecido

MEUS FILHOS SÃO REVOLTADOS

Pai Amoroso,

Meu coração está aflito. Eu amo muito meus filhos, mas eles não estão retribuindo esse amor. Eles são inquietos e revoltados dentro e fora de casa. Suas palavras são como setas de fogo e eles as usam para me ferir. Eles são duros de coração e ficam indiferentes quando procuro adverti-los sobre seu modo de agir e de tratar a mim e a outras pessoas.

Sei que muitas pessoas maravilhosas e amáveis passaram por períodos de revolta e agressividade na vida. Também conheço algumas que tomaram o caminho errado e continuaram nele. Sei que do mesmo modo que meus filhos estão me deixando aborrecido, eles também se sentem interiormente infelizes. Desejo muito que sintam o teu amor e todas as alegrias que bons relacionamentos nos proporcionam. Também sei que não posso fazer escolhas e tomar decisões por eles.

Por isso, Pai Celeste, peço que derrames sobre mim uma graça especial para que eu não seja vencido pela agressividade dos meus filhos. Que as palavras deles não me magoem nem me levem a me sentir mal comigo mesmo. Peço ainda que o meu amor inabalável pelos meus filhos seja um lembrete do Teu amor por eles. Que o Espírito Santo continue a inspirar palavras de graça e convicção em seus corações.

Em nome de Jesus, obrigado.

"Reconhece, pois, que o Senhor, teu Deus, é verdadeiramente Deus, um Deus fiel, que guarda o seu pacto e a sua misericórdia até a milésima geração com aqueles que o amam e observam os seus mandamentos."

— Deuteronômio 7,9

O justo caminha na integridade, ditosos os filhos que o seguirem!

— Provérbios 20,7

Recomendam-nos deixar que a nossa luz brilhe; se ela brilhar, não precisaremos falar a ninguém do seu brilho. Faróis não disparam bombas para chamar a atenção para seu brilho — apenas brilham.

— D. L. Moody

QUERO DEIXAR UMA HERANÇA DE FÉ

Pai Amado que Estás no Céu,
   Eu sei que não sou perfeito e que nem sempre vou dizer e fazer o que é certo, mesmo com meus filhos. Ajuda-me a ter a coragem e a graça de pedir perdão quando necessário.
   Também sei que, quando faço a coisa certa, às vezes meus filhos não reconhecem nem dão maior importância aos valores em que acredito, incluindo a disciplina e o bom senso.
   No entanto, mesmo que eu não seja perfeito e que os meus melhores esforços nem sempre sejam recebidos no momento como eu desejaria, ainda assim quero fazer tudo o que estiver ao meu alcance para ser um pai (mãe) compreensivo, sábio, perseverante e imbuído de fé. Busca incessante e obediente da Tua Palavra, frequência à igreja, vida de oração e conversas edificantes — é com práticas como essas que quero que meus filhos me vejam respondendo à Tua graça. Peço que todas elas se tornem modelo e minha herança para a vida deles.
   Pai Celeste, quero viver a minha vida de modo que meus filhos Te conheçam melhor. Quero que tenham orgulho de mim, mas acima de tudo, quero que Tu te orgulhes da pessoa que estou me tornando com a tua graça.
   Em nome do Filho, obrigado.

ATITUDES E EMOÇÕES

*Crê na palavra e no poder de Deus mais
do que acreditas em teus próprios
sentimentos e experiências.*
— Samuel Rutherford

Estais cansados? Extenuados? Esgotados com a religião? Vinde a mim. Acompanhai-me e recuperareis a vossa vida. Eu vos ensinarei a descansar realmente. Vinde e trabalhai comigo — vede como eu faço.

— Mateus 11,28-29 (The Message)

Tu que habitas sob a proteção do Altíssimo, que moras à sombra do Onipotente, dize ao Senhor: "Sois meu refúgio e minha cidadela, meu Deus, em quem confio".

— Salmo 91,1-2

Se olhares para o mundo, afligir-te-ás.
Se olhares para ti mesmo, deprimir-te-ás.
Se olhares para Deus, apaziguar-te-ás.

— Corrie ten Boom

PRECISO DE SONO E DESCANSO

Senhor,
   Venho a Ti cansado e fatigado, física e emocionalmente. Estou sem energia. Muitas são as coisas a fazer e simplesmente não tenho forças para fazê-las. Tenho a impressão de não ter mais nada a oferecer. Minha alma está exaurida.
   Não atino com os motivos pelos quais não consigo descansar, mas entrego este problema a Ti, pedindo que faças alguma coisa por mim e me propicies o tão necessário repouso. Ajuda-me a dormir bem. Ao interromper as tarefas por alguns minutos durante o dia, que essas pausas sejam ocasiões para recarregar as minhas baterias emocionais. Ajuda-me a voltar os olhos para Ti, não para as distrações e preocupações que não me deixam sossegar.
   Obrigado por convidar-me a trazer meus fardos a Ti. Obrigado por compreender que às vezes eu me canso e custo a me expressar positivamente. Agradeço humildemente o fato de ainda me aceitares e acolheres como eu sou e de Te ofereceres para ajudar-me a carregar o meu jugo.
   Senhor, apenas por saber que estás comigo neste momento, minha alma se tranquiliza. Recebo esta dádiva com toda a minha fé.

De ora em diante, pois, já não há nenhuma condenação para aqueles que estão em Cristo Jesus, que não vivem segundo a carne, mas segundo o Espírito.
— Romanos 8,1

Tanto quanto o Oriente dista do Ocidente, Ele afasta de nós as nossas transgressões.
— Salmo 103,12

Nem de longe somos tão eficientes em acolher o perdão de Deus quanto Ele o é em oferecê-lo. Por consequência, em vez de viver sob o resplendor do perdão divino por intermédio de Cristo, tendemos a viver a maior parte do tempo sob o céu nublado da culpa.
— Jerry Bridges

SINTO-ME CULPADO

Deus Amado e Misericordioso,
  Eu estava sem rumo e distante de Ti, mas Tu me chamaste pelo nome e me dirigiste palavras de compaixão, perdão e cura. Tu me ofereceste perdão e vida nova, e não a morte espiritual e a culpa com a qual eu convivia. Jamais esquecerei o momento em que pela primeira vez me dei realmente conta do quanto a minha vida sem Ti era vazia.
  Neste momento, porém, não consigo livrar-me de sentimentos de culpa devidos aos meus pecados passados. Sei que existe uma reprovação benéfica que leva ao arrependimento. Sei também que és fiel em perdoar-me quando confesso meus pecados. Desconheço por que és tão amoroso e compassivo, mas conheço Tua promessa para mim.
  Se algum pecado ainda persiste em mim, peço-Te perdão e libertação agora, recebendo Tua benevolência com fé.
  Sei em meu íntimo que estou unido a Jesus Cristo. Quero sentir essa união em meu coração e em minhas emoções.
  No nome misericordioso de Jesus, muito obrigado.

*Sede fortes e corajosos! Nada vos atemorize
e não temais esses povos porque é o Senhor,
vosso Deus, que marcha à vossa frente:
Ele não vos deixará nem vos abandonará.*
— Deuteronômio 31,6

*Para os montes levanto os olhos: de onde me virá
socorro? O meu socorro virá do Senhor, Criador
do céu e da terra. Ele não permitirá que teus pés
tropecem; não dormirá Aquele que te guarda.
Não, não há de dormir, nem de adormecer o guarda
de Israel. O Senhor é teu guardião, sempre ao teu
lado. De dia, o sol não te fará mal, nem a lua
durante a noite. O Senhor te resguardará de todo
o mal, Ele velará sobre a tua vida: o Senhor guardará
os teus passos, agora e para sempre.*
— Salmo 121

*Se eu pudesse ouvir Cristo orando por mim na
sala ao lado, não temeria um exército de
inimigos. A distância, porém, não
importa. Ele está orando por mim.*
— Robert Murray McCheyne

PRECISO DE CORAGEM

Deus Amado,
Contigo ao meu lado, sei que não tenho absolutamente nada a temer. Às vezes, porém, ainda afasto meus olhos de Ti — quando esqueço a Tua promessa de que nunca me deixarás nem me abandonarás — e deixo o medo invadir e assumir o controle da minha vida.

Neste momento sinto-me derrotado pelo medo. Não estou fazendo o que eu deveria fazer porque tenho medo do que possa me acontecer. Estou me esforçando para confiar em Ti para que me protejas e fortaleças. Meus olhos estão fixos no que percebo como ameaças à minha volta, e não em Ti. Mesmo antes que eu fale, conheces o temor específico que perturba a minha existência por estes dias.

Deus meu, peço que realizes em meu coração e em minha mente um trabalho que eu mesmo não consigo realizar. Afasta o medo que me priva de alegria, objetivo e êxito. Ajuda-me a confiar em Ti como a única fonte verdadeira de coragem. Não peço coragem apenas para me tornar mais forte, mas para ter a dose de coragem necessária para fazer frente aos desafios e responsabilidades que enfrento por amar e confiar em Ti.

Confio na Tua promessa de que jamais me deixarás nem me abandonarás. Obrigado pela coragem que procede dessa confiança.

Deixa lá a tua oferta diante do altar e vai primeiro reconciliar-te com teu irmão; só então vem fazer a tua oferta. Entra em acordo sem demora com o teu adversário, enquanto estás em caminho com ele, para que não suceda que te entregue ao juiz, e o juiz ao oficial de justiça, e sejas posto na prisão.
— Mateus 5,24-25

Porque, se perdoardes aos homens as suas ofensas, vosso Pai celeste também vos perdoará. Mas se não perdoardes aos homens, tampouco vosso Pai vos perdoará.
— Mateus 6,14-15

Sabes que o perdão começou quando te lembras dos que te ofenderam e te sentes impelido a lhes querer bem.
— Lewis B. Smedes

UM AMIGO ME TRAIU

Meu Salvador,
   Estou muito irritado e aborrecido neste momento, pois um amigo me traiu. Vejo isso como uma grave quebra de confiança. Estou confuso. Sinto uma tristeza profunda. Tenho vontade de chorar e gritar.
   Sei que ninguém compreende a traição mais profundamente do que Tu, meu Deus. Jesus Cristo assumiu forma humana para nos redimir dos nossos pecados, e viveu a traição em toda sua dimensão, sendo traído até mesmo pelos amigos mais próximos que o abandonaram quando mais precisava deles.
   Eu trago e apresento esta situação a Ti. Se meu amigo pedir perdão, não estou certo de que serei capaz de perdoá-lo neste momento, mas obedecerei. Se ele quer que a nossa amizade continue, peço discernimento para saber se ela é benéfica e graça para fazer o que queres que eu faça.
   Obrigado, Deus Salvador. És um amigo fiel em todos os momentos da vida. Obrigado por resguardar meu coração de toda negatividade. Peço que toda raiva, malícia e ira sejam eliminadas do meu coração.
   Faço este pedido no nome sublime de Jesus.

"Não fiqueis a lembrar coisas passadas, não
vos preocupeis com acontecimentos antigos.
Eis que vou fazer obra nova, a qual
já surge: não a vedes? Com efeito,
vou abrir um caminho pelo deserto e
fazer correr rios por lugares ermos."
— Isaías 43,18-19

Se alguém está em Cristo, é nova criatura. Passou
o que era velho; eis que tudo se fez novo.
— 2 Coríntios 5,17

Fracasso não quer dizer que és um fracassado;
quer apenas dizer que ainda não tiveste sucesso.
— Robert H. Schuller

EU ME SINTO UM FRACASSO

Deus da Graça,
   Sempre depositei grandes esperanças nos planos que elaborei, mas nunca cheguei a bons resultados. É como se cada decisão que tomo e cada direção que sigo fossem equivocadas. Minha confiança está constantemente baixa. Eu me sinto um fracasso. O motivo é simples: eu continuo fracassando.
   Recorri a Ti em ocasiões anteriores em busca de ajuda. Não sei por quê, mas Tu sempre me convidas e me acolhes em Tua presença. Sabes exatamente o que venho passando. Sabes por que as coisas não estão dando certo. Peço antes de tudo que eu possa aprender com os meus fracassos. Como continuo fracassando, concluo que não aprendi muito bem as lições do passado. Dá-me humildade e sabedoria para descobrir o que fiz de errado — e disposição para corrigir meus erros. Também peço que renoves o sentimento de otimismo e entusiasmo em mim para que eu sempre consiga me reerguer depois de uma queda e possa tentar novamente.
   Se houver atitudes ou traços de personalidade que me levem a fracassar, peço que trabalhes dentro de mim para me transformar numa nova pessoa. Submeto-me à Tua ação, com a disposição de fazer o que me pedires.
   Obrigado por não me veres como um fracassado, e sim como um filho Teu amado. Isso representa para mim o máximo que eu poderia almejar e me dá esperança para prosseguir em busca do sucesso. Eu Te louvarei por tudo o que eu realizar na vida.
   Agradeço-Te por isso no nome bendito de Jesus.

"O Senhor te abençoe e te guarde! O Senhor te mostre a sua face e te conceda sua graça! O Senhor volte o seu rosto para ti e te conceda a paz!"

— Números 6,24-26

Certo dia, ele subiu com os discípulos a uma barca, dizendo-lhes: "Passemos à outra margem do lago". E fizeram-se ao largo. Enquanto navegavam, ele adormeceu. Desabou então uma tempestade de vento sobre o lago. A barca enchia-se de água e eles corriam perigo. Aproximando-se dele, despertaram-no dizendo: "Mestre, Mestre, estamos perecendo!". Levantou-se ele, e ordenou aos ventos e à fúria das águas que se acalmassem; e se acalmaram e logo veio a bonança.

— Lucas 8,22-24

O Senhor acalmará a tua tempestade [...] ou então deixá-la-á bramir enquanto Ele te acalma.

— Autor Desconhecido

PRECISO DE PAZ

Príncipe da Paz,
  A minha vida e a minha mente estão tumultuadas. Venho a Ti sabendo da minha profunda necessidade, que o meu coração está cheio de raiva, confusão, ressentimentos, decepções e amargura — todas as coisas de que me resgataste quando me ofereceste a graça da salvação.
  Estou precisando de muita coisa neste momento. Mas começo pedindo-Te paz. Aquieta a minha mente. Acalma as minhas emoções tempestuosas. Ajuda-me a controlar a minha agitação e a parar de enlamear as águas da minha vida.
  Ajuda-me a olhar para Ti neste momento. És Tu que dás origem à minha fé e a desenvolves. Tu és sábio, magnânimo e misericordioso. És o Príncipe da Paz.
  Ao deter-me para fixar os olhos em Ti, para pensar em Ti e em Tua bondade e misericórdia, já posso sentir a minha vida começando a se estabilizar e aquietar. Mesmo com tempestades à minha volta, peço que me dês fé para descansar e dormir — e mesmo caminhar sobre as águas se me convidares a ir ao Teu encontro. Obrigado por acalmares as tempestades na minha vida. Obrigado por Tua promessa e dádiva de paz.
  Recebo agora esses presentes, com gratidão e em nome do Teu Filho.

Exorto-vos, pois, irmãos, pela misericórdia de Deus, a que ofereçais vossos corpos como hóstia viva, santa e agradável a Deus à maneira de um culto espiritual. Não vos conformeis com este mundo, mas transformai-vos, renovando o vosso espírito, para que possais discernir qual é a vontade de Deus, o que é bom, agradável e perfeito.

— Romanos 12,1-2

Finalmente, irmãos, seja objeto de vossos pensamentos tudo o que é verdadeiro, honesto, justo, puro, amável, honroso, virtuoso, ou que de qualquer modo mereça louvor.

— Filipenses 4,8

É notável ter a cada dia uma opção quanto à atitude a assumir nesse dia.

— Chuck Swindoll

PRECISO MUDAR MINHAS ATITUDES

Deus da Paz,

Meu coração e meu espírito não estão em paz neste momento. Estou me debatendo com uma maneira de ser que distorce a forma como enxergo as situações e as próprias pessoas que me são caras. Estou inquieto porque alguma coisa negativa se agita dentro de mim. Posso dissimular para algumas pessoas que tudo está bem, mas Tu conheces o meu coração. Sabes como enveredei por esse caminho, como fiquei desse jeito.

Preciso que me ajudes a encontrar uma nova maneira de ver as coisas, com base na renovação do meu coração. Se tenho algum pecado inconfessado, algum ressentimento ou rancor persistente, se meu espírito está endurecido, se sinto medo ou me recuso a perdoar os outros ou se há ainda algum outro ato de rebeldia que alimenta essas atitudes, peço que me ajudes a receber a Tua graça na causa desse problema.

Com fé e obediência entrego-me totalmente a Ti neste momento — incluindo todas as minhas atitudes. Peço que renoves a minha mente e o meu coração para que eu possa ver o mundo com novos olhos, livres da cilada de atitudes perniciosas.

Peço isso em nome de Jesus.

"Bendito o homem que deposita sua confiança no Senhor, cuja esperança é o Senhor. Assemelha-se à árvore plantada perto da água, que estende suas raízes até o arroio: não teme quando chega o calor; sua folhagem permanece verde. Não a inquieta a seca de um ano; continua a produzir frutos."

— Jeremias 17,7-8

Tudo posso n'Aquele que me fortalece [estou pronto para tudo e capacitado para tudo por meio d'Aquele que infunde em mim força interior; sou autossuficiente na suficiência de Cristo].

— Filipenses 4,13 (AMP)

Uma pessoa humilde tem mais probabilidade de ser autoconfiante [...] uma pessoa realmente humilde sabe quanto é amada.

— Cornelius Plantinga

PRECISO DE CONFIANÇA

Ó Deus que provê minhas necessidades,
 Tu não me criaste para viver com sentimentos de medo e temor. Sou mais do que vencedor por meio de Jesus Cristo. Tenho todos os dons de que necessito para fazer diferença no mundo em Teu nome. Nenhuma arma usada contra mim — física, emocional ou espiritual — pode derrotar-me.

 Mas confesso que ainda vivo com uma sensação de medo. Peço que, por intermédio da oração, eu possa incorporar em minha vida todas as riquezas que me deste. Se houver acontecimentos ou mensagens reiteradas do meu passado que me impedem de receber o que já preparaste para mim, entrego tudo a Ti agora e peço que me livres dessa negatividade.

 Tu vieste para nos dar vida em abundância. Não quero ficar excluído dessa promessa e prodigalidade por não ter confiança. Mesmo que as minhas emoções não tenham acompanhado a minha mente, peço neste momento a confiança que é minha por intermédio do Teu bendito Filho, Jesus Cristo. Não perderei outras oportunidades para servir e ser solidário. Não deixarei que o medo controle a minha vida. Se for tentado a perder a confiança, proclamarei novamente a Tua promessa de que tudo posso por meio de Cristo que me fortalece.

 No poderoso nome de Jesus, obrigado.

Irai-vos, mas não pequeis: não se ponha o sol sobre a vossa ira, nem deis lugar ao diabo.
— Efésios 4,26-27

Isto já o sabeis, meus amados irmãos: seja cada um de vós pronto para ouvir, mas tardo para falar e tardo para se irar; pois a ira do homem não cumpre a justiça de Deus. Rejeitai, pois, toda impureza e todo vestígio de malícia, e recebei com docilidade a Palavra semeada em vossos corações, que é poderosa para salvar as vossas almas.
— Tiago 1,19-21

"*Irai-vos, mas não pequeis.*" *Nem toda raiva leva ao pecado, porque em certo grau e em certas ocasiões, ela é inevitável. Ela se torna condição de pecado e contraria o preceito da Escritura quando resulta de uma provocação insignificante e inadequada, e quando persiste por muito tempo.*
— William Paley

ESTOU CHEIO DE RAIVA

Deus de Justiça,

Eu sei que existe uma ira boa e santa. Sei que em certas ocasiões queres que nos indignemos com o que Te irrita. Mas confesso que venho me debatendo com um tipo negativo de raiva.

Por estes dias, tenho a impressão de que tudo me enraivece. Sou impaciente. Meu gênio se manifesta de maneira explosiva e agressiva. Digo a mim mesmo que vou controlar a minha impetuosidade, mas ela ainda irrompe no momento errado e de modo inoportuno.

Venho tentando trabalhar essa raiva com as minhas próprias forças, mas não estou conseguindo. Ela está afetando a mim e aos que estão à minha volta, pessoas que eu amo. Eu preciso mudar.

Deus meu, sei que podes realizar em mim o que não consigo por mim mesmo. Peço Tua ajuda e força. Em primeiro lugar, ajuda-me a compreender o meu temperamento para que eu não queira mudar o que Tu criaste. Em seguida, peço que acrescentes à minha vida — às minhas atitudes, ações, pensamentos e palavras — autocontrole e graça.

Meu Deus, se houver algum pecado não confessado, falta de perdão oferecido ou recebido, ou qualquer outra coisa que esteja favorecendo a minha raiva, peço que me ajudes a descobrir e tratar a causa disso.

Obrigado por Tua ajuda, que recebo com gratidão, em nome de Jesus.

"Eu estou contigo para te guardar aonde quer que fores. Eu te reconduzirei a esta terra e não te abandonarei sem ter cumprido o que te prometi."
— Gênesis 28,15

"Eis que estou convosco todos os dias, até a consumação dos séculos."
— Mateus 28,20

A primeira coisa que o olho de Deus percebeu foi a solidão, não o bem.
— John Milton

EU ME SINTO MUITO SÓ

Meu Pai e Meu Amigo,

Não queres que nos sintamos sós e indesejados, mas neste momento é exatamente assim que me sinto. Tu nos criaste para nos amarmos uns aos outros, para ficarmos unidos, para servirmos e sermos servidos uns pelos outros. No entanto, eu me sinto sem amigos e sem familiares.

Se a solidão que sinto é um estado de recolhimento que impuseste a mim temporariamente porque queres que eu me aproxime mais de Ti, peço que me ajudes a senti-la com alegria e gratidão. Se ela se deve ao fato de que estou tratando as pessoas mal e afastando-as de mim, peço que me ajudes a mudar radicalmente o meu modo de interagir com elas. Se estou emitindo mensagens tácitas de que quero ficar sozinho, peço que me ajudes a dar o primeiro passo na direção do convívio com os outros. Se, enfim, me sinto assim porque a minha rede social é inconveniente e formada por pessoas rudes e insensíveis, peço que me ajudes a encontrar novos ambientes onde fazer amigos.

Agradeço-Te por ouvires o meu lamento de solidão e por me ajudares. Agradeço-Te acima de tudo por estares sempre comigo e nunca me abandonar.

Agradeço-Te no amável nome de Jesus.

*Mas foi castigado por nossos crimes e
esmagado por nossas iniquidades. O castigo
que nos salva pesou sobre ele, fomos
curados graças a seus padecimentos.*
— Isaías 53,5

*Ora, a confiança que temos nele é esta:
em tudo quanto lhe pedirmos, se for conforme
à sua vontade, ele nos atenderá.*
— 1 João 5,14

*A chuva da cura é um verdadeiro toque de Deus.
Pode ser cura física, emocional ou qualquer outra.*
— Michael W. Smith

EU PRECISO DE CURA

Deus de Misericórdia,

É bom viver num tempo e lugar em que as práticas e as descobertas da medicina podem tratar muitas doenças e ferimentos. Os nossos médicos são tão bons que às vezes nos esquecemos de contar Contigo, de recorrer a Ti como o Médico Divino.

Tu conheces o problema de saúde que estou enfrentando neste momento. Os médicos não têm um bom prognóstico e tampouco respostas.

Venho a Ti muito aflito e necessitado. Preciso de um milagre. Sei que pelos sofrimentos de Jesus recebemos a salvação, e que todas as obras da graça procedem do Seu sacrifício, inclusive a cura — por Seus açoites somos curados.

Em nome de Jesus, com toda a minha fé — que neste momento é do tamanho de uma semente de mostarda —, peço que me cures. Tu devolves a visão ao cego, Tu fazes o coxo caminhar... Tu podes fazer com que eu me restabeleça.

Peço que neste momento de grande necessidade e crise eu aprenda as lições de fé, entrega, confiança e louvor em todas as circunstâncias.

Agradeço-Te em nome de Jesus.

*Ouve, ó Deus, o meu clamor, atende a minha
oração! Dos confins da terra clamo a ti
com o coração desfalecido. Eleva-me
sobre a rocha! Conduze-me!
Porque és o meu refúgio, torre forte
contra o inimigo. Habite eu sempre em tua
tenda, e me abrigue ao amparo de tuas asas.*
— Salmo 61,1-4

*Teus castelos e fortalezas terão barras
de ferro e bronze, e como é o teu dia, assim
serão tua força, teu descanso e tua segurança.*
— Deuteronômio 33,25 (AMP)

*Não ores para ter uma vida fácil. Ora para
ser uma pessoa mais forte. Não ores para que
as tarefas correspondam às tuas forças. Ora
para que as tuas forças estejam à altura das tarefas.
Assim a realização do teu trabalho não será
um milagre; tu serás o milagre.*
— Phillips Brooks

SINTO-ME SOBRECARREGADO

Senhor Deus, Força Minha,
   Não estou conseguindo lidar muito bem com tudo o que enfrento neste momento. Vejo que há muito a fazer e pouco de mim para fazê-lo. Estou perdendo terreno. Uma carga excessiva pesa sempre sobre os meus ombros. Há tanta coisa a ser feita que não estou fazendo muito de nada.
   Em primeiro lugar, peço que me ajudes a ver a minha vida de modo realista e a excluir algumas tarefas irrelevantes. Ajuda-me a simplificar adequadamente. Segundo, peço que me dês um espírito que se disponha a aceitar desafios e a trabalhar arduamente para superá-los. Se a minha ética do trabalho não é como deveria, peço que me dês um espírito determinado e decidido. Se os meus problemas se devem à procrastinação, ajuda-me a agir imediatamente. Terceiro, peço que introduzas em minha vida pessoas que me ajudem a carregar o fardo. Quarto, peço que me fortaleças em todos os aspectos da minha vida, para que as tarefas que tenho pela frente não sejam muito árduas nem difíceis.
   Acima de tudo, peço que sejas meu auxiliar. Ajuda-me a ter consciência da Tua presença em cada uma das minhas atividades. Ajuda-me a compreender que não permitirás um número maior de tarefas além daquelas que posso assumir.
   Peço isso no poderoso nome de Jesus.

Entrai em Seus pórticos com agradecimentos e oferendas de gratidão, e em Seus átrios com cânticos de louvor! Sede agradecidos e dizei isso a Ele, glorificai e bendizei o Seu nome! Porque o Senhor é bom; Sua misericórdia e bondade são eternas, Sua fidelidade e verdade se estendem de geração em geração.
— Salmo 100,4-5 (AMP)

Sede sempre alegres, orai sem cessar. Por tudo dai graças, pois esta é a vontade de Deus a vosso respeito, em Cristo Jesus.
— 1 Tessalonicenses 5,16-18

Ser agradecido é reconhecer o amor de Deus em tudo o que Ele nos dá — e Ele nos dá tudo. Cada inspiração que fazemos é um presente do Seu amor, cada momento da existência é uma graça, pois traz consigo graças imensas d'Ele.
— Thomas Merton

DÁ-ME UM CORAÇÃO AGRADECIDO

Deus Amado, Provedor Meu,
   Quero confessar o meu pecado de ingratidão. Passei mais tempo pensando no que não tenho do que no que tenho. Deixei de agradecer por muitas dádivas que puseste em minha vida. Sempre considerei os meus familiares e amigos como elementos naturais da vida. Não quero viver a vida negativamente, com uma impressão de pobreza — quando me fizeste rico em bênçãos.
   Neste momento, ao mesmo tempo que Te agradeço todas as coisas que me deste e que fizeste por mim, peço que aumentes o meu sentimento de gratidão e encantamento. Bendigo as pessoas porque reconheço o que elas significam para mim. Quero dizer-lhes como elas são importantes na minha vida. Ajuda-me, Senhor, a ter coragem para fazer isso.
   Não me deixes perder mais tempo com sentimentos de avidez e inveja. Quero viver cada dia como um presente a ser saboreado e apreciado.
   Mesmo que às vezes eu me esqueça de dizer, sou imensamente agradecido a Ti, meu Deus, provedor de todas as minhas necessidades.
   Peço isso no nome bendito de Jesus.

"Por isso vos digo: não vos preocupeis com a vossa vida quanto ao que haveis de comer, nem com o vosso corpo quanto ao que haveis de vestir. Não é a vida mais do que o alimento e o corpo mais do que a roupa? Olhai as aves do céu: não semeiam, nem colhem, nem ajuntam em celeiros. E, no entanto, vosso Pai celeste as alimenta. Ora, não valeis vós mais do que elas? Quem dentre vós, por mais que se esforce, pode acrescentar uma única hora à duração da sua vida?"

— Mateus 6,25-27

Deus não nos deu um espírito de timidez (de covardia, de medo pusilânime, servil e bajulador), mas [Ele nos deu um espírito] de fortaleza, de amor e de calma, uma mente bem equilibrada, disciplina e autocontrole.

— 2 Timóteo 1,7 (AMP)

A preocupação não livra o amanhã do seu aborrecimento; ela exaure o hoje da sua força.

— Corrie ten Boom

ESTOU PREOCUPADO

Pai Celeste, Deus Fiel,

Sei no meu coração que posso confiar em Ti. Que, afinal, tudo acaba bem para aqueles que Te amam e confiam em Ti. Sei que a minha vida está em Tuas mãos. Ainda assim, porém, vivo em estado de preocupação. Temo pelo que poderá acontecer amanhã. É enorme a minha incerteza quanto ao mundo e à minha vida.

Jesus nos lembrou de que as flores nos campos estão vestidas e de que as aves no céu são alimentadas — e que Tu estás muito mais atento a mim do que às flores e às aves. Peço que me lembres neste momento e ao longo do dia que Te preocupas comigo. Tu cuidas de mim mais do que eu cuido de mim mesmo. Tu me amas a ponto de teres dado a Tua vida por mim.

Recebo a garantia da Tua presença neste momento. Mesmo que o medo e a preocupação tentem tirar-me a alegria deste dia, prosseguirei com confiança, sabendo que estarás comigo a cada passo do caminho. Mesmo que os meus planos futuros sejam imperfeitos, Tu guiarás os meus passos.

Muito obrigado pela paz que excede toda compreensão e que é maior do que qualquer preocupação que eu possa ter.

Agradeço-Te no nome inigualável de Jesus.

É melhor dois juntos do que um só, porque obterão um salário melhor do seu trabalho. Se um cair, o outro o levantará; mas ai do que estiver só, pois se cair não haverá outro que o levante.
— Eclesiastes 4,9-10

"Este é o meu mandamento: amai-vos uns aos outros como eu vos amei. Ninguém tem maior amor do que aquele que dá a vida por seus amigos."
— João 15,12-13

A amizade nasce no momento em que um diz ao outro: "O quê?! Você também? Pensei que eu era o único".
— C. S. Lewis

PRECISO DE UM AMIGO

Meu Pai e Meu Amigo,

Numa só coisa posso confiar: somente Tu estás comigo em cada momento e situação da vida. Mas Tu nos criaste para a amizade. Neste momento, não tenho nenhuma ligação nem proximidade com ninguém. Sinto que estou perdendo alguma coisa importante na vida.

Se estou me comportando de alguma maneira que afasta as pessoas de mim, peço que me mostres como posso mudar e crescer. Peço que tragas pessoas para a minha vida, pessoas que eu possa estimar e apoiar, bem como elas a mim. Peço que me ajudes a ir ao encontro dos outros. Se procuro amigos em lugares suspeitos, peço que me leves aos lugares certos, incluindo o círculo de amizades da igreja.

Como seres humanos, precisamos realmente um do outro. Tu nos criaste com o intuito de nos apoiarmos uns aos outros, de nos ajudarmos com os fardos e aflições uns dos outros. Devemos partilhar preocupações, gestos de bondade e presença para que todos tenhamos uma vida melhor.

Ajuda-me a ser sempre uma pessoa a quem um amigo pode recorrer em busca de apoio. E dá-me a graça de encontrar uma pessoa assim na minha vida.

Em nome de Jesus, obrigado.

Na minha angústia [aparentemente em recolhimento] invoquei o Senhor, ao meu Deus lancei o meu grito; do Seu templo (habitação celestial) ele ouviu a minha voz, e meu brado chegou aos Seus ouvidos.

— Salmo 18,7 (AMP)

Prostrada sobre o pó está a minha alma; vivifica-me segundo a tua palavra. Eu te expus os meus caminhos, e tu me ouviste. Ensina-me os teus estatutos. Faze-me entender o caminho dos teus preceitos, e eu meditarei sobre as tuas maravilhas. A minha alma consome-se de tristeza; fortalece-me segundo a tua palavra.

— Salmo 119,25-28

É importante distinguir entre o fruto espiritual da alegria e o conceito cultural de felicidade. Um cristão pode ter alegria no coração e ao mesmo tempo sentir-se espiritualmente deprimido. A alegria nos sustenta ao longo das noites escuras da alma, sem ser afetada pela depressão espiritual. A alegria do cristão sobrevive a todas as vicissitudes da vida.

— R. C. Sproul

ESTOU DESANIMADO E DEPRIMIDO

Ó Deus, Minha Fonte de Consolo,
 Venho à Tua presença hoje em estado de grande aflição. Sinto-me tão prostrado, que nem sei se estou desanimado ou deprimido. Só sei que uma tristeza e uma angústia profundas inundam o meu coração. As minhas energias e a minha vontade parecem totalmente exauridas. Mal consigo me mexer. Eu me afastei das pessoas que amo e de quem preciso.

Mesmo que os outros não entendam o que estou passando neste momento — mesmo que eu próprio não consiga compreender — obrigado por conheceres exatamente as minhas aflições. A Tua tristeza foi tão imensa que o próprio suor da Tua face se transformou em gotas de sangue. Tu conheces a noite escura da alma. Tu sabes o que é sentir angústia.

Obrigado por não me julgar, mas sim amar-me. Saber que caminhaste pelo vale da sombra da morte e que o percorrerás novamente comigo é um consolo inefável. Ele me dá o vislumbre de esperança de que preciso, mesmo que seja fraco e fugaz neste momento.

Peço um toque especial em meu coração neste mesmo instante. Desperta em meu espírito a esperança e a alegria. Ajuda-me a superar e a ir muito além dessa escuridão que sinto.

Eu Te amo porque me amaste primeiro. Eu Te seguirei.
 No nome misericordioso de Jesus, obrigado.

> "Não julgueis, e não sereis julgados; não condeneis, e não sereis condenados; perdoai, e sereis perdoados."
>
> — Lucas 6,37

> Se há, pois, alguma consolação em Cristo, se há algum caridoso estímulo, alguma comunhão de Espírito, alguma ternura e compaixão, completai a minha alegria permanecendo unidos. Tendo um mesmo amor, uma só alma, e os mesmos pensamentos. Nada façais por competição ou vanglória, mas com humildade, cada um julgando os outros superiores a si mesmo, não cuidando apenas do que é seu, mas também do que é dos outros.
>
> — Filipenses 2,1-4

> *Devemos exercitar-nos, portanto, para ver o bem nos outros, não o mal. Devemos usar palavras de louvor ao que é belo neles; não palavras ásperas, condenando o que talvez possa ser imperfeito ou desagradável. Devemos ver os outros com olhos de amor, não de inveja ou de egoísmo. Devemos procurar tratar o que não é como achamos que deveria ser com a suavidade do verdadeiro afeto.*
>
> — J. R. Miller

EU JULGO AS PESSOAS

Senhor Querido,
 Eu adquiri o hábito desagradável e persistente de julgar as pessoas. A minha tendência é ver o mal, não o bem; percebo o que elas fazem errado, não o que fazem certo; interpreto as palavras e ações delas de uma perspectiva negativa. Receio que o meu espírito sentencioso seja pior do que o próprio ato que é objeto do meu julgamento.

Sei que somos estimulados a ser sensatos para poder discernir o bem do mal. Mas Tu nos ensinaste que é o Teu Espírito que julga o coração das pessoas; a nós cabe amá-las, não ficar procurando defeitos e criticando.

A próxima vez que eu começar a julgar com severidade, mesmo que seja somente em pensamento, peço que alertes o meu espírito. Lembra-me de procurar o Teu perdão e prosseguir de modo positivo. Acima de tudo, lembra-me de que todos nós temos cometido pecados e deixamos de Te glorificar — todos nós somos levados à Tua presença pela graça, por Tua misericórdia e perdão.

Não deixarei de perceber as imperfeições e as más ações, mas dá-me condições de ver as pessoas com o amor com que as vês. Quando eu for tentado a julgar, ajuda-me a orar pela pessoa, em vez de criticá-la.

Obrigado por me fazeres mais semelhante a Ti quando vejo e trato as pessoas como Tu as tratas.

Agradeço-te em nome de Jesus.

TRABALHO E DINHEIRO

Vi muitos homens trabalhar sem orar, não resultando daí nenhum bem mais significativo. Mas nunca vi um homem orar sem trabalhar.
— Hudson Taylor

Que a beleza, o encanto e o beneplácito do Senhor nosso Deus repousem sobre nós. Confirma e favorece a obra de nossas mãos — sim, confirma e favorece a obra de nossas mãos.

— Salmo 90,17 (AMP)

Não nos cansemos de fazer o bem, pois, se não desanimarmos, a seu tempo colheremos.

— Gálatas 6,9

Senhor, dá-me trabalho, até o fim da minha vida; e vida, até a conclusão do meu trabalho.

— Winifred Holtby

PRECISO DE UM EMPREGO

Pai Celeste,
   Estou disposto a trabalhar e pronto para isso. É mais difícil para mim não trabalhar do que trabalhar. Sim, recusei algumas propostas porque elas não suprem as minhas necessidades financeiras do momento. No entanto, havendo um emprego inferior aos que tive no passado, que devo aceitar para praticar a humildade, e porque ele me propiciará melhores oportunidades, peço que me ajudes a ter orgulho de toda tarefa que eu possa assumir.
   Peço que me ajudes a encontrar o emprego que corresponda às minhas capacidades e formação, que dê conta dos meus compromissos financeiros, que me ofereça uma oportunidade para me destacar. Peço que meus amigos e ex-colegas de trabalho que saibam de ofertas de emprego condizentes com o meu perfil se lembrem do meu nome.
   Peço que abras portas para mim quando eu me apresentar para entrevistas. Ajuda-me a ser criativo para procurar e encontrar situações de emprego favoráveis, a ser determinado e persistente ao me candidatar a vagas e entregar currículos — mesmo que eu tenha de ouvir muitas negativas antes de encontrar a ocupação certa.
   Se houver algum "bico" que eu possa fazer neste período em que estou desempregado, agradeço-Te a oportunidade. Receberei muitas bênçãos com a realização dessas tarefas — e talvez elas sejam o meio pelo qual eu consiga o meu próximo trabalho.
   Confio que me ajudarás a satisfazer todas as minhas necessidades e agradeço-Te por trabalhares a meu favor para que eu encontre o emprego apropriado.
   No poderoso nome de Jesus, agradeço-Te.

Eu, porém, volto os meus olhos para o Senhor, ponho a minha esperança no Deus da minha salvação; meu Deus me ouvirá.

— Miqueias 7,7

O meu Deus, de sua parte, proverá com profusão todas as vossas necessidades, segundo as suas riquezas, em Jesus Cristo. E ao nosso Deus e Pai seja a glória pelos séculos dos séculos! Amém!

— Filipenses 4,19-20

Fé não é a capacidade de acreditar profundamente no futuro nebuloso. Fé é simplesmente absorver a Palavra de Deus e dar o próximo passo.

— Joni Eareckson Tada

PASSO POR NECESSIDADES FINANCEIRAS URGENTES

Senhor Amado,

Eu estava bem financeiramente, mas diversos fatores inesperados me atingiram duramente e não consigo mais pagar as contas. Estou assustado e muito aflito. A situação é desanimadora. Não tenho uma solução à vista e não sei como dar o próximo passo.

Peço que me dês a tranquilidade de espírito que só Tu podes proporcionar. Peço que me dês condições de controlar as emoções negativas que me impedem de resolver adequadamente este problema. Peço sabedoria e criatividade para lidar com isso. E peço ainda compreensão dos meus credores, além de equilíbrio e coragem para falar com eles pessoalmente.

Tua é a Terra inteira e tudo o que ela contém, por isso peço um milagre que me socorra nesta situação. A necessidade que enfrento me pegou de surpresa, mas Tu sabias que ela estava a caminho, pois nada Te é oculto.

Sei, Senhor, que me livrarás desta situação, e desde já Te agradeço por atenderes a todas as minhas necessidades. Peço Tua bênção e melhora na minha vida financeira.

Agradeço-Te em nome de Jesus.

Feliz o homem que suporta com paciência a provação! Porque, uma vez provado, receberá a coroa da vida que o Senhor prometeu aos que o amam.
— Tiago 1,12

Tudo o que fizerdes, fazei-o de bom coração, como para o Senhor e não para os homens, sabendo que o Senhor vos recompensará como a seus herdeiros: é a Cristo o Senhor que servis.
— Colossenses 3,23-24

Mais do que o bem-estar e a prosperidade, são as adversidades que enriquecem o mundo.
— Billy Graham

A MINHA EMPRESA PASSA POR DIFICULDADES

Pai de Sabedoria,

Penso que estou realizando um ótimo trabalho e fazendo tudo o que posso para ajudar a minha empresa, mas ela simplesmente não está indo bem. As receitas e os lucros são baixos. Os clientes estão insatisfeitos. O estado de espírito dos funcionários é lamentável. Há conflito em todo lugar. Mesmo os principais líderes parecem não saber o que fazer. Receio que acabarei perdendo o emprego.

Meu Deus, ajuda-me a confiar em meus esforços; ajuda-me a elevar o moral, não a agravá-lo; ajuda-me a oferecer ideias construtivas de maneira positiva.

Se houver algo que eu possa fazer para ajudar e se este for um momento para que eu provoque uma mudança no meu local de trabalho, ajuda-me a fazer isso com cautela e intenção reta. Se houver alguma lição que eu deva aprender com a superação deste período adverso, ajuda-me a empenhar-me ao máximo. Peço também que os meus colegas se unam a mim na tarefa de mudar radicalmente as circunstâncias da nossa empresa. Peço que os nossos produtos e serviços atendam às necessidades dos nossos clientes e que possamos atrair novos compradores até recuperarmos a nossa situação financeira.

Embora eu trabalhe para uma empresa, basicamente trabalho para Ti, meu Deus. Sempre dedicarei a Ti os meus melhores esforços.

Em nome de Jesus, obrigado.

*Eis que a felicidade do homem é comer e beber,
desfrutando do produto do seu trabalho; e vejo
que também isso vem da mão de Deus, pois quem pode
comer e beber sem que isso venha de Deus? Ao
homem do seu agrado ele dá sabedoria, conhecimento
e alegria; mas ao pecador impõe como tarefa ajuntar
e acumular para dar a quem agrada a Deus.
Isso também é vaidade e correr atrás do vento.*

— Eclesiastes 2,24-26

*Empenha-te em te apresentares diante de Deus
como um homem provado, um trabalhador que
não tem de que se envergonhar, que propaga
com retidão a palavra da verdade.*

— 2 Timóteo 2,15

*O segredo da felicidade consiste em
conhecer as próprias aptidões e em aproveitar
todas as oportunidades para aplicá-las.*

— John Dewey

ESTOU INSATISFEITO COM MEU TRABALHO

Pai do Céu,

Sei que nem todos os aspectos do trabalho — ou de qualquer outra coisa na vida — são agradáveis e divertidos. Sei que às vezes um grande esforço se faz necessário. Sei também que o trabalho é honroso, importante e indispensável para o sustento meu e da minha família. Mas estou numa situação de trabalho que me desagrada muito. Não encontro satisfação interior nem realização no que faço.

Pai, se preciso corrigir as minhas atitudes e se estou equivocado com relação a esses sentimentos, deposito a minha vida aos Teus pés e peço que incites em mim um coração renovado e uma nova maneira de ver o mundo. Se queres que eu permaneça nesse emprego por mais tempo — ou se simplesmente não houver outra opção viável — ajuda-me a realizar as tarefas e a me relacionar com meus colegas da melhor maneira possível. Ajuda-me a aperfeiçoar o meu trabalho por meio das minhas atitudes e das minhas ações. Ajuda-me a ser positivo e diligente e a revelar o meu caráter e a minha devoção a Ti.

Se essa insatisfação for um sinal de que devo procurar outro emprego, ajuda-me a sair desta empresa mantendo um bom relacionamento. Peço que me propicies novas oportunidades ao longo do meu caminho. Orienta-me em cada passo que leva a essa decisão.

Em nome do meu Salvador, agradeço-Te.

*Portanto, se estiveres para trazer a tua oferta
ao altar e ali te lembrares de que o teu irmão
tem alguma coisa contra ti, deixa a tua
oferta ali diante do altar e vai primeiro
reconciliar-te com o teu irmão; só
então vem fazer a tua oferta.*
— Mateus 5,23-24

*Foi-te anunciado, ó homem, o que é bom, o que o
Senhor exige de ti: nada mais do que praticar
a justiça, amar a bondade, e caminhar
com humildade diante do teu Deus.*
— Miqueias 6,8

*Observo constantemente que a compaixão produz
frutos melhores do que a justiça severa.*
— Abraham Lincoln

ESTOU SENDO PROCESSADO

Deus de Justiça,

Estou sendo processado e devo apresentar-me ao juiz. Não concordo com a acusação nem que eu tenha prejudicado alguém; mesmo assim, estou temeroso porque é muito difícil prever as artimanhas do sistema legal.

Eu preciso da Tua coragem, sabedoria e proteção. Se realmente prejudiquei alguém, peço que me inspires um acordo claro e mutuamente aceitável.

Se o processo for levado adiante, peço que o meu advogado possa abordar cuidadosa e integralmente todos os aspectos pertinentes da lei e que o pleito seja arquivado.

Peço que as minhas finanças e sobretudo a minha reputação não fiquem abaladas em consequência desse processo. Peço que tranquilizes o meu espírito durante este período de espera.

Dá-me forças para respeitar o juiz e as leis estabelecidas. Peço equilíbrio ao longo de todo esse processo e vigor para não cair na tentação da irritação, da malevolência e da vingança contra o meu adversário.

Peço também que este caso seja concluído a meu favor.

Agradeço-Te no santo nome de Jesus.

Espera e confia no Senhor; sê forte e corajoso; seja teu coração firme e perseverante. Sim, espera e confia no Senhor.

— Salmo 27,14 (AMP)

Criados, sede bons servos aos vossos senhores, não só aos bons, mas também aos perversos. É louvável suportar tudo por amor a Deus quando sois maltratados injustamente. Não há mérito nenhum em aceitar um castigo que é merecido. Mas se sois tratados injustamente por bom comportamento e não obstante continuais sendo bons servos, isso sim constitui ação louvável diante de Deus.

— 1 Pedro 2,18-20 (The Message)

Não conseguimos controlar nem mudar pessoas difíceis, mas com a orientação de Deus podemos compreendê-las melhor e encontrar uma maneira de lidar com elas.

— Jake Zavada

PRECISO DO APOIO DO MEU CHEFE

Deus Bom e Benevolente,
    Tenho um chefe difícil. Ele está deixando muito claro que não gosta de mim e do meu trabalho, e eu não sei por quê. De minha parte, penso estar me esforçando bastante e realizando minhas tarefas corretamente. Creio que sou respeitoso com os clientes e fornecedores, com os colegas e com meu chefe. Eu preciso da tua ajuda nesta situação.
    Primeiro, peço a Tua ajuda para que eu me examine com sinceridade a fim de confirmar se estou cumprindo as minhas funções com atitudes apropriadas e bons resultados. Segundo, ajuda-me a perscrutar o meu coração em busca de atitudes desrespeitosas e de sentimentos de raiva com relação às autoridades em geral e ao meu chefe em particular. Se guardo algum ressentimento que está se manifestando de modos de que nem mesmo tenho consciência, peço que inicies em mim um trabalho de renovação do meu coração.
    Se as minhas funções com este chefe não mudarem no futuro próximo, ajuda-me a empregar esse tempo com sensatez para aumentar a minha autoconfiança e aprender a importante lição para o trabalho e para a vida de agir com equilíbrio sob pressões e adversidades. Peço que os problemas atuais não me impeçam de avançar no meu emprego e na minha carreira, mas me ajudem a prosseguir e progredir. Sei que és capaz de transformar situações negativas em algo positivo a meu favor.
    Ao me submeter ao meu chefe, faço isso por submissão a Ti, Senhor.
    Peço-Te em nome de Jesus.

*Não é do leste nem do oeste nem do sul
que chegam a promoção e a exaltação.
Mas Deus é o juiz! A um ele abate,
a outro ele exalta.*

— Salmo 75,7-8 (AMP)

*Humilhai-vos na presença do Senhor,
e ele vos exaltará.*

— Tiago 4,10

*A tua atitude, não a tua aptitude,
determinará a tua altitude.*

— Zig Ziglar

EU GOSTARIA DE SER PROMOVIDO

Pai do Céu,
   Obrigado por estimular-me a trazer a Ti o que está no meu coração. Eu gostaria de ser promovido no emprego. Creio estar preparado e pronto para um avanço. Faço este pedido com toda esperança e confiança, sabendo que em última análise és Tu que me promoverás na vida.
   Peço que leves o meu nome para os responsáveis pelas promoções dentro da empresa. Sei que preciso continuar a aperfeiçoar as minhas aptidões para liderar outras pessoas de modo apropriado. Se houver aspectos dificultando as minhas possibilidades de promoção, peço que me ajudes a identificá-los para me corrigir e melhorar nessas áreas.
   Se para ser promovido eu preciso levar este meu desejo ao conhecimento do meu chefe, peço que me inspires as palavras adequadas e o momento oportuno para fazer isso.
   Se tiveres uma oportunidade melhor para mim e que exclui uma promoção neste momento, faze-me conhecer em meu coração e em minha mente os Teus planos para mim. Estou aberto a qualquer plano melhor que tenhas para a minha vida.
   Reconheço que a promoção desejada, afinal, procede de Ti, e eu não me esquecerei de agradecer-Te e louvar-Te por Tua ação a meu favor. Obrigado, Pai, por seres a minha esperança e o meu auxílio.
   Faço esse pedido em nome de Jesus.

Ezequias pusera sua confiança no Senhor, Deus de Israel [...] Conservou-se fiel ao Senhor, sem jamais se afastar dele, e observou os mandamentos que o Senhor prescrevera a Moisés. Por isso, o Senhor esteve com ele e ele teve êxito em todos os seus empreendimentos.
— 2 Reis 18,5-7

Se sofreis por causa da justiça, bem-aventurados sois! Por isso, "não tenhais medo nenhum deles (dos que vos perseguem) nem fiqueis conturbados"; antes, santificai a Cristo, o Senhor, em vossos corações, estando sempre prontos a dar razão da vossa esperança a todo aquele que vo-la pede; fazei-o, porém, com mansidão e respeito, conservando a vossa boa consciência, para que, se em alguma coisa sois difamados, sejam confundidos aqueles que ultrajam o vosso santo comportamento em Cristo, pois será melhor que sofrais — se esta é a vontade de Deus — por praticardes o bem do que praticando o mal.
— 1 Pedro 3,14-17

O desenvolvimento espiritual depende de duas coisas: primeira, disposição para viver segundo a Palavra de Deus; segunda, disposição para aceitar todas as consequências daí decorrentes.
— Sinclair B. Ferguson

CORRO O RISCO DE COMPROMETER O MEU CARÁTER

Deus de Justiça,

Sabes que eu quero ser uma pessoa honrada. Não quero pôr em risco o meu caráter e reputação por um benefício passageiro e desonesto. Conheces cada detalhe da minha situação no trabalho e como sou solicitado a comprometer os meus princípios. Sabes que sou tentado a renunciar a esses princípios para não causar a infelicidade de outros e porque tudo seria mais fácil.

Se estou distorcendo o que me está sendo insinuado, peço que esclareças e elucides a situação. Não quero acusar falsamente de práticas antiéticas nenhum dos meus colegas. Tu me exortas a amar a retidão, a ser justo e honesto no meu modo de agir, e é exatamente para isso que preciso da Tua ajuda.

Deus, ajuda-me a ser corajoso para defender o que é correto. Ajuda-me a expor com clareza as minhas objeções a comportamentos ilícitos. Ajuda-me a ser a força redentora nesta situação, de modo que a empresa em que trabalho e os meus colegas saibam que há um modo mais correto de fazer negócios e que pode trazer maiores benefícios e vantagens a longo prazo. E Deus, peço que me protejas de qualquer pessoa que queira prejudicar a mim e ao meu cargo por eu assumir uma posição clara.

Como salvaste Daniel da cova dos leões, peço que salves também a mim.

Obrigado, em nome de Jesus.

O Senhor abrirá o seu precioso tesouro para ti, o céu, para dar no tempo oportuno a chuva para a tua terra, abençoando todo trabalho das tuas mãos. Assim, emprestarás a muitas nações, sem nada tomar emprestado. O Senhor te colocará como cabeça, e não como cauda; estarás sempre por cima, jamais por baixo, se ouvires os mandamentos do Senhor teu Deus, que hoje te ordeno observar e pôr em prática.

— Deuteronômio 28,12-13

Cada um dê um conforme dispõe em seu coração, sem pena nem constrangimento, pois Deus ama a quem dá com alegria. Deus pode cumular-vos de toda espécie de graças, para que tenhais sempre e em tudo o necessário, e vos reste algo de excedente para toda obra boa.

— 2 Coríntios 9,7-8

Constatei que o ato de dar, entre outros benefícios, liberta a alma de quem dá.

— Maya Angelou

QUERO DEMONSTRAR GENEROSIDADE COM ALEGRIA

Generoso Deus,
    Nunca serei suficientemente grato por tudo o que me deste e me dás. Criaste um mundo maravilhoso onde eu posso viver. Tu me deste o sopro da vida. Tu me redimiste quando eu era escravo dos meus pecados. Tu cumulaste minha vida de bênçãos.
    Quero ser como Tu. Quero ser como Jesus. Quero ser uma pessoa que demonstra generosidade com alegria. Confesso, porém, que preciso me esforçar muito para ser generoso. Às vezes, não planejo bem e acabo esgotando meus recursos. Outras vezes, por força do hábito, gasto com coisas para mim mesmo, sem me preocupar com os outros. Compro coisas de que não preciso e depois de tê-las perco o interesse por elas. Às vezes, me preocupo com a possibilidade de não ter o suficiente e me apego ao que tenho. Esqueço-me de que és Tu que dás todas as boas dádivas.
    Senhor meu, peço que me dês um coração semelhante ao Teu. Ajuda-me a ver os que me são próximos como Tu os vês. Fixa no meu coração um amor que entende a prática de dar como um ato prazeroso de culto, não como um sacrifício penoso. Peço que a minha generosidade me leve a ofertar os recursos financeiros de que posso dispor, mas que também assuma as mais diferentes formas de bondade e de serviço. Abre os meus olhos para as oportunidades que possam me proporcionar alegria pela prática de ser generoso com os que necessitam.
    Agradeço-Te por isso no nome bendito de Jesus.

Hoje tomo o céu e a terra como testemunhas contra ti: eu te proponho a vida ou a morte, a bênção ou a maldição. Escolhe, pois, a vida, para que vivas tu e a tua posteridade, amando o Senhor teu Deus, obedecendo à sua voz e permanecendo unido a ele. Porque disto depende a tua vida e o prolongamento dos teus dias sobre a terra que o Senhor jurou dar a teus pais, Abraão, Isaque e Jacó.
— Deuteronômio 30,19-20

O preguiçoso cobiça, mas nada obtém; mas o desejo do homem diligente é satisfeito.
— Provérbios 13,4

A procrastinação é como um cartão de crédito: dá sempre muito prazer... até chegar a fatura.
— Christopher Parker

PRECISO AGIR IMEDIATAMENTE

Deus Amado,
    Estou travando uma batalha feroz contra o meu hábito de deixar as coisas para depois. Não consigo me concentrar nas atividades de cada dia. Distraio-me. Interrompo minhas tarefas. Fico embromando com a minha lista de tarefas a realizar. Fico jogando para amanhã coisas que precisam ser feitas hoje. A consequência é que acabo tendo de lidar com prioridades diversas e concorrentes em situação de crise. Isso está afetando não apenas o meu trabalho, mas também os meus relacionamentos e a minha autoestima.
    Eu quero mudar, meu Deus. Sei que preciso parar de adiar as coisas. Sei que preciso agarrar-me às tarefas com entusiasmo e de modo adequado e organizado. Não tenho conseguido me motivar a fazer o que é preciso.
    Peço que me ajudes a fazer o que não consigo executar com minhas próprias forças. Peço que este momento de oração seja o começo de uma mudança em minhas atitudes e atos no que diz respeito ao trabalho. Que eu possa desfrutar os benefícios e recompensas da produtividade hoje e receber novo impulso para uma nova maneira de fazer as coisas.
    Recomendas que não resmunguemos nem nos queixemos da vida e do trabalho. Peço que perdoes as minhas atitudes e escolhas erradas que criaram esta situação. Peço força e sabedoria para deixar este hábito e tomar um novo caminho na vida. Sou agradecido pela oportunidade de trabalhar e servir para subsistir — e para louvar o Teu nome. Hoje trabalho para Ti.
    No poderoso nome de Jesus, obrigado.

Em verdade, em verdade, vos digo: o que pedirdes ao Pai em meu nome, ele vo-lo dará. Até agora, nada pedistes em meu nome. Pedi e recebereis, para que a vossa alegria seja completa.

— João 16,23-24

"Pedi e dar-se-vos-á; buscai e achareis; batei e abrir-se-vos-á. Pois quem pede, recebe; quem busca, acha; a quem bate, se lhe abrirá. Quem dentre vós dará uma pedra a seu filho, se este lhe pedir pão? Ou lhe dará uma cobra, se lhe pedir peixe? Ora, se vós que sois maus sabeis dar boas dádivas aos vossos filhos, quanto mais o vosso Pai que está nos céus dará coisas boas aos que lhe pedem!"

— Mateus 7,7-11

Se, pois, as nossas casas forem casas do Senhor, teremos aí motivo para amar o nosso lar e encontrar na devoção do dia a dia o mais sublime dos nossos prazeres diários; e, no nosso culto familiar, o mais valioso dos confortos domésticos [...] Sim, uma igreja em casa será um bom legado, uma bela herança a deixar para os nossos filhos.

— Matthew Henry

EU GOSTARIA DE TER UMA NOVA CASA

Pai Celeste,

Eu tenho tudo de que preciso na vida. Sou muito abençoado. Mas venho a Ti hoje com um pedido especial. Eu gostaria de ter uma nova casa. Tu conheces os motivos específicos (tamanho, bairro, número de cômodos) que me levaram a ter essa ideia.

Sei que existem muitas pessoas no mundo que não têm um teto sobre a própria cabeça. Existem pessoas sem lar e desabrigadas em meu país e principalmente no mundo. Sou muito agradecido pela casa que tenho hoje. Mas Tu me convidas a levar as minhas necessidades e até meus desejos e anseios a Ti; faço isso neste momento. Sei que me darás um sinal se é vontade Tua que eu fique onde estou e Te agradeço por me guiares durante toda a minha vida.

Muito obrigado por todo o Teu amor e por todas as bênçãos que recebo. Se for da Tua vontade, ajuda-me a encontrar uma nova casa, perfeita para atender às necessidades da minha família. Peço que seu preço esteja dentro das minhas possibilidades financeiras e que eu consiga obter um financiamento. Peço que todas as etapas dessa possível mudança sejam percorridas com muita calma e sem empecilhos.

Com este pedido, rogo igualmente que eu consiga transformar a nova residência num lugar de devoção e hospitalidade em Teu nome.

Em nome de Jesus, agradeço-Te.

"Bem conheço os desígnios que formei a vosso respeito", diz o Senhor; "desígnios de prosperidade e não de calamidade, de vos garantir um futuro e uma esperança."
— Jeremias 29,11

Aquele que te instrui não tornará a se esconder, e tu verás com teus olhos Aquele que te ensina. Ouvirás com teus ouvidos estas palavras retumbarem atrás de ti: "Este é o caminho, segue-o", quando te desviares quer para a direita, quer para a esquerda.
— Isaías 30,20-21

É espantoso o número dos que deixam a vida simplesmente acontecer, em vez de pedirem a Deus sabedoria em suas decisões. Ele promete dar-te sabedoria e conhecimento em tudo o que fazes. Quando tomas uma decisão sabendo que ela procede da sabedoria de Deus, a alegria e a paz são a decorrência inevitável.
— Don Clowers

TENHO UMA ÓTIMA OPORTUNIDADE

Deus de Sabedoria e Bondade,
Agradeço-te pelas inúmeras maneiras pelas quais me conduziste e dirigiste em minha vida. Agradeço a situação em que me encontro na vida porque sei que me trouxeste até aqui. Já possuo todos os bens da Tua graça e isso é tudo o que importa. Mas agora uma nova oportunidade se apresenta, acarretando muitas mudanças e afetando as pessoas que me são próximas.

Eu quero progredir e ser tudo o que queres que eu seja. Isso não significa, porém, que toda porta que se abre seja a porta apropriada e aquela por onde eu deva passar. Preciso que fales comigo agora com a Tua sabedoria e orientação. Mais importante ainda, preciso que me ajudes a aquietar a minha mente e o meu espírito para que eu possa ouvir a Tua voz. Os Teus caminhos levam à paz, por isso peço a Tua paz, quer minha resposta deva ser afirmativa ou negativa.

Ajuda-me a pensar com lucidez sobre todas as questões que esta oportunidade envolve. Quero servir-Te e louvar-Te em todas as minhas decisões. Como prometeste guiar os meus passos, mesmo que eu não sinta uma impressão clara do Teu espírito, tomarei essa decisão com confiança, sabendo que respeitas um coração fiel.

Sabendo que muitas pessoas anseiam por uma oportunidade, agradeço-Te o fato de que ela se apresente a mim. É um lembrete de que me socorres em todas as minhas necessidades.

Entrego esta oportunidade a Ti, em nome de Jesus.

É graças ao Senhor que não fomos aniquilados, porque não se esgotou sua piedade. Cada manhã ele se manifesta e grande é sua fidelidade. Disse-me a alma: O Senhor é minha porção, por isso nele confio.

— Lamentações 3,22-24

Esperei no Senhor com toda confiança, Ele se inclinou para mim e ouviu meus gritos. Tirou-me de uma cova fatal, de um brejo lodoso; colocou meus pés sobre a rocha, firmou meus passos.

— Salmo 40,2-3

Há apenas dois modos de pagar uma dívida: maior empenho para aumentar as receitas e contenção de gastos ao fazer compras.

— Thomas Carlyle

ESTOU COM DIFICULDADES FINANCEIRAS

Deus Amado e Onipotente,
 Não consigo acreditar que a minha situação financeira esteja tão mal. Estou enterrado em dívidas. Sinto-me estressado só de tentar manter os pagamentos em dia. Não vejo nenhuma maneira prática de resolver os problemas financeiros que enfrento.

Ó Deus, és Tu que distribuis todas as boas dádivas. Tudo o que há sobre a terra é Teu. Tu conheces todas as minhas necessidades e as atende. Venho a Ti em oração, pedindo o Teu toque divino. Peço que me ajudes de modos que não consigo ver por mim mesmo.

Peço que me perdoes as atitudes e práticas errôneas que tenho com relação às finanças. Ganância. Esbanjamento. Falta de disciplina. Falta de planejamento. Peço que transformes tudo o que fiz de errado em forças que fluam de dentro de mim.

Peço que me dês a força e a coragem para olhar para minha situação honestamente, de procurar orientação sensata, de fazer planos realistas, de me comunicar e negociar com clareza e justiça com meus credores.

Peço que abras os meus olhos para perceber oportunidades que possam aumentar a minha receita. Peço que novas atitudes e práticas sejam instituídas na minha vida para que, quando eu sair dessa confusão — e eu sei que estás me ajudando nesse sentido —, ela nunca mais volte a acontecer.

És o Deus da paz e eu peço a Tua paz enquanto procuro resolver esta situação com a Tua ajuda.

Peço isso em nome de Jesus.

*É Ele quem dá sabedoria aos sábios e
talento aos inteligentes. É ele quem
revela os profundos e secretos
mistérios, quem conhece o que está
mergulhado nas trevas, perto de
quem a luz permanece.*

— Daniel 2,21-22

*Nele foram criadas todas as coisas nos
céus e na terra, as visíveis e as
invisíveis: Tronos, Dominações,
Principados, Potestades: tudo foi criado
por ele e para ele. Ele existe antes de
todas as coisas, e todas as coisas
nele subsistem.*

— Colossenses 1,16-17

*Nós próprios somos criações. Estamos
destinados a continuar a criação sendo
nós mesmos criativos. Essa é a força
de Deus prolongando-se por nosso intermédio.
A criatividade é o presente que Deus
nos dá; o uso que dela fazemos é o
presente que retribuímos a Ele.*

— Julia Cameron

PRECISO SER CRIATIVO

Deus Criador,

Tu és o criador do universo e de tudo o que existe — e nos fizeste à Tua imagem. Por isso, sei que Tu nos criaste para sermos criativos — para ver coisas que ainda não existem, para relacionar ideias existentes com o objetivo de chegar a alguma coisa concreta e nova. Mas neste momento não me sinto nada criativo, meu Deus. Minhas ideias estão ultrapassadas, e isso está fazendo com que o meu trabalho, os meus relacionamentos e as minhas conversas também fiquem obsoletos.

Peço que renoves em mim o sentido de encantamento que me deste quando eu era criança. Peço que abras os meus olhos para a beleza e a complexidade do mundo à minha volta. Ajuda-me a não me deixar levar simplesmente, e a me envolver realmente com as pessoas, ouvindo e aprendendo. Quero ler a Tua Palavra com novos olhos, ler livros melhores e assistir a apresentações e espetáculos mais sérios para estimular a minha imaginação.

Reverencio-Te com tudo o que introduzires em meu espírito e glorifico-Te por seres o dispensador de todas as boas dádivas.

Agradeço-Te por estares neste mesmo momento me ajudando a ver as profundezas e riquezas do Teu amor por mim e as maravilhas do Teu mundo. Obrigado por plantares em mim a centelha da criatividade e me ajudares a ter ideias que fazem diferença no meu trabalho, nos meus relacionamentos e no meu mundo.

No nome d'Aquele que estava Contigo no momento da criação, obrigado!

O rico domina os pobres; o que toma emprestado é servo do que empresta.
— Provérbios 22,7

"Quem de vós, querendo construir uma torre, antes não se senta para calcular as despesas e ponderar se tem com que terminar? Não aconteça que, tendo lançado os alicerces, e não sendo capaz de acabar, todos os que virem comecem a zombar dele, dizendo: 'Este homem começou a construir e não pôde terminar'."
— Lucas 14,28-30

Quando entregamos todos os aspectos da nossa vida a Deus — incluindo o financeiro — estamos livres para confiar que Ele atende às nossas necessidades. Mas se preferimos apegar-nos às coisas que possuímos, tornamo-nos escravos dessas mesmas coisas.
— Larry Burkett

PRECISO VIVER DE ACORDO COM OS MEUS RECURSOS

Deus Provedor,

Todo mês minhas despesas são maiores do que as receitas. Não é uma diferença exagerada, mas as minhas dívidas estão se acumulando. Racionalizo que gasto mais do que ganho pensando que ganharei mais e gastarei menos no futuro. Não tenho certeza se ganharei mais dinheiro, mas o momento de gastar menos é agora. Porém, preciso da Tua ajuda.

Peço em primeiro lugar honestidade para ver as minhas finanças exatamente como elas são. Peço sabedoria para elaborar um plano de gastos. Por fim, peço coragem e determinação para seguir o plano formulado. Mesmo que a montanha de dívidas pareça intransponível, peço que me dês a determinação de não ceder e continuar com o plano.

Tu conheces as minhas tentações e fraquezas quando se trata de gastos. Se preciso parar de comer fora de casa todos os dias, ajuda-me a ter o bom senso de levar o meu almoço de casa. Se tenho hábitos prejudiciais, ajuda-me a livrar-me deles imediatamente. Ajuda-me a erradicar tudo o que esteja me impedindo de viver de acordo com os meus recursos.

Tu és o provedor de tudo de que necessito. Peço que me ajudes a viver com a paz que resulta de uma vida vivida segundo o que disponho.

Em nome de Jesus, agradeço.

DESENVOLVIMENTO ESPIRITUAL

*A oração — interior, fervorosa, confiante —
está na base de toda religiosidade pessoal.*
— William Carey

Não vos sobreveio tentação alguma que ultrapassasse as forças humanas. Deus é fiel; não permitirá que sejais tentados além das vossas forças, mas com as tentações também vos dará os meios de suportá-las e sairdes delas.
— 1 Coríntios 10,13

"Não pelo poder, nem pela força, mas sim por meu espírito" — *diz o Senhor dos Exércitos.*
— Zacarias 4,6

Se não perseverarmos na oração, seremos assediados pela tentação. Incluamos este pedido em nossas preces diárias: "Deus meu, preserva a minha alma e guarda o meu coração e todos os seus intentos para que eu não me deixe enredar". Se essa súplica impregnar a nossa vida, uma tentação fugaz não nos subjugará. Seremos livres enquanto outros continuarão cativos.
— John Owen

ESTOU SOFRENDO TENTAÇÕES

Deus Querido,
 Estou perdendo a batalha contra a tentação no momento. Tu sabes que eu quero fazer o que é correto. Mas estou constantemente fazendo o contrário do que é certo, do que Tu queres e esperas de mim. Estou decepcionado e incomodado comigo mesmo. Sinto-me abatido por ser derrotado com tanta facilidade. Os reveses espirituais quase me fazem perder a fé.
 Em primeiro lugar, obrigado por conheceres o poder da tentação e compreenderes o que estou passando. Obrigado por me ofereceres Teu pronto perdão. Conforme prometeste, perdoas o pecado que eu Te confesso e todos os outros. Obrigado acima de tudo por ainda me amares, mesmo quando caio em tentação.
 Admito que não tenho forças para vencer minhas batalhas espirituais. Não consigo. O que peço especificamente neste momento é força para vencer as tentações, uma força que não possuo apenas com boas intenções e determinação pessoal. Meus próprios esforços não têm me levado a bons resultados. Por favor, dá-me a Tua força. Anda à minha frente. Enfrenta as minhas batalhas comigo e por mim. Faze por mim o que eu mesmo não consigo fazer. Obrigado por transformar minha fraqueza em força.

*Sendo fortalecidos com todo o poder, de acordo com a força
da sua glória, para que tenham toda a perseverança
e paciência com alegria.*

— Colossenses 1,11

*Deixemos de lado tudo o que nos atrapalha e o
pecado que se agarra em nós. Corramos com
perseverança a corrida que nos é proposta.*

— Hebreus 12,1

*O que é amargo de suportar
pode ser doce de lembrar.*

— Thomas Fuller

PRECISO DE PERSISTÊNCIA

Deus Que Nos Dá Força,
    Sei que uma relação Contigo não é como uma corrida de cem metros rasos, em que partimos numa explosão e logo está terminada. Em vez disso, queres uma relação comigo nos moldes de uma maratona, envolvendo cada dia da minha vida. No entanto, falta-me persistência no momento, meu Deus. Distraio-me com demasiada facilidade. Desanimo. Considero-me autossuficiente. Encaro todas as coisas como naturais, estabelecidas, e me esqueço de agradecer — especialmente a Ti.
    Tu conheces as atitudes e comportamentos danosos que venho acumulando em minha vida, os quais retardam meu passo e me fazem tropeçar. Peço que me dês a determinação e a graça de me livrar de hábitos e atitudes que me impedem de Te servir e amar plenamente. Peço que me dês um espírito invencível que aprenda a correr longas distâncias sem esmorecer, pronto e disposto a ir até onde queres que eu vá. Não consigo simplesmente incorporar essa atitude ao meu modo de ser do momento, por isso peço que aumentes e desenvolvas a força que já me deste.
    Obrigado, Pai benevolente, por me esperares na linha de chegada da vida com um abraço e uma coroa que durará para sempre!

Confessai, pois, uns aos outros, as vossas falhas (vossos deslizes, vossos passos em falso, vossas ofensas, vossos pecados) e orai [também] uns pelos outros, para serdes curados e restaurados [a um nível espiritual de mente e coração]. A oração fervorosa (sincera, continuada) do justo tem grande poder [é dinâmica em seus efeitos].

— Tiago 5,16 (AMP)

Sede perseverantes e vigilantes na oração, acompanhada de ações de graças.

— Colossenses 4,2

Satanás estremece quando vê o mais fraco dos cristãos de joelhos.

— William Cowper

QUERO SER FORTE NA ORAÇÃO

Deus Amado,
 Que privilégio extraordinário, que honra, que bênção pessoal é o fato de me teres convidado para vir à Tua presença por meio da oração. Perdoa-me pelas vezes que deixei de orar, alegando ter muita coisa para fazer. Perdoa-me pelas ocasiões em que não acreditei que a oração transforma o mundo — e a mim.

Deus meu, sei que preciso orar pelo meu bem espiritual e pelas inúmeras necessidades na minha vida. Também sei que tenho amigos e familiares que precisam das minhas preces. Além disso, um mundo desorientado e impiedoso precisa de mim como um guerreiro da oração.

Renovo neste momento meu compromisso de ser alguém que preza a oração. Orarei sozinho e acompanhado. Orarei pela manhã, ao meio-dia e à noite. Dirigirei palavras a Ti e silenciarei para ouvir a Tua voz. Agradeço-Te por me ajudares a me tornar cada vez mais a pessoa que queres que eu seja por meio do Teu honroso convite para falar Contigo todos os dias.

No nome admirável de Jesus, obrigado.

Rasgai os vossos corações, e não as vossas vestes, retornai ao Senhor vosso Deus, porque ele é bom e compassivo, lento para irar-se e cheio de amor, e se compadece da desgraça.

— Joel 2,13

Por isso, é necessário prestarmos a maior atenção às mensagens que temos recebido, para que não aconteça que delas nos desviemos.

— Hebreus 2,1

Uma vida sem um objetivo é inerte e vacilante. Devemos renovar nosso propósito todos os dias, dizendo a nós mesmos: Inicio este dia com uma nova atitude, pois o que fiz até agora não é nada.

— Tomás de Kempis

ESTOU ESPIRITUALMENTE À DERIVA E PRECISO "VOLTAR PARA CASA"

Bondoso Pai Celeste,
 Ser chamado Teu filho enche-me o coração de alegrias e de bênçãos. Ultimamente, porém, deixei-me levar pela correnteza. Não sei por que e nem como perdi a minha disposição e entusiasmo de ser um membro da Tua família; confesso que estou à deriva em minha vida espiritual. Não prestei atenção ao estado da minha alma. Não mantive meus olhos em Ti.

Sei e acredito que nada é mais importante na vida do que o meu relacionamento Contigo. És Tu que transformas a escuridão em luz, que perdoas os meus pecados, que me ofereces uma nova vida e me acolhes de braços abertos, mesmo depois de eu me afastar de casa.

Neste momento, declaro meu amor a Ti. Venho humildemente a Tua presença. Minha fé é fraca, mas trago a Ti o meu louvor e a minha adoração. Peço que realizes um trabalho totalmente novo em meu coração e em minha vida. Mesmo que eu não sinta uma confirmação emocional imediata, afirmo com confiança que estás reacendendo a chama da fé dentro de mim. Como o Pai fez pelo Filho Pródigo, Tu me perdoas, abraças e incluis em Tua família.

"Quando estiverdes orando, se tiverdes alguma coisa contra alguém, perdoai-lhe, para que também o vosso Pai que está nos céus vos perdoe as vossas ofensas."

— Marcos 11,25

Vós, pois, como convém a escolhidos de Deus, santos e amados, revesti-vos de sentimentos de compaixão e bondade, humildade, mansidão e paciência. Suportai-vos uns aos outros e perdoai-vos mutuamente toda vez que tiverdes queixa contra o outro. Como o Senhor vos perdoou, assim perdoai também vós. Mas, acima de tudo, revesti-vos da caridade, que é o vínculo da perfeição.

— Colossenses 3,12-14

Se alguém te prejudicou e te vingas, estarás satisfeito por um minuto. Se perdoares, serás feliz para sempre.

— Autor Desconhecido

PRECISO PERDOAR

Amado Deus da Minha Salvação,
Em Tua bondade, vieste ao meu encontro antes mesmo que eu estivesse preparado. Ofereceste-me o perdão dos meus pecados antes mesmo que eu estivesse disposto a admiti-los. Tu me amaste quando as minhas atitudes e ações tornavam-me odioso. Obrigado por me tratares com compaixão. Obrigado por não desistires de mim quando teimei em não mudar. Obrigado pela misericórdia que eu não merecia.

Neste momento eu preciso perdoar outra pessoa. E admito que me está sendo muito difícil fazer isso. Sei que é a coisa certa a fazer, mas sinto raiva e ressentimento pela ofensa que me foi feita.

Antes de tudo, obrigado por me ofereceres a mesma oportunidade de ser compassivo, amoroso e indulgente com outras pessoas que são tão teimosas e merecedoras de perdão quanto eu fui. Na oração que Jesus nos deu como modelo, Ele nos ensina a pedir perdão assim como perdoamos os que nos ofendem.

Que o meu ato de perdoar me lembre do incrível sacrifício de Jesus Cristo, para que eu possa compreender o poder do perdão para mudar as coisas — especialmente a mim mesmo. Ainda que a pessoa que preciso perdoar não possa responder, ajuda-me a ser agradecido lembrando-me do que Tu fizeste por mim!

Agradeço-Te no precioso nome de Jesus.

Mostra-te em tudo modelo de bom comportamento: pureza de ensinamentos, seriedade, linguagem digna e irrepreensível, para que o adversário, nada tendo a dizer de nós, fique envergonhado.
— Tito 2,7-8

Ninguém te despreze por seres jovem. Sê tu um exemplo para os fiéis: na palavra, na conduta, na caridade, na fé e na castidade.
— 1 Timóteo 4,12

Hoje decido ser fiel [...] Hoje manterei as minhas promessas. Meus credores não se arrependerão por terem confiado em mim. Meus parceiros não questionarão a minha palavra. Minha esposa não duvidará do meu amor. E os meus filhos não temerão que seu pai não volte para casa.
— Max Lucado

QUERO SER UM EXEMPLO DE FÉ E INTEGRIDADE

Senhor Amado,

Pediste às pessoas que Te conhecem que sejam exemplos de fé, pureza e integridade. Nós mostramos ao mundo a natureza e o poder do Evangelho de Jesus Cristo pelo modo como vivemos a nossa vida.

Senhor, quero ser alguém que respeita o Teu nome pelo modo como vivo. Por favor, protege-me da tentação e do mau caminho. Ajuda-me a nunca cair num modo de vida pecaminoso que prejudique a causa do Evangelho aos olhos dos incrédulos.

Em vez disso, Senhor, que eu mostre as qualidades da graça, da paixão e do entusiasmo divinos, a alegria, gratidão, suavidade, sabedoria, generosidade, honestidade, bondade, fidelidade, e todos os outros frutos do Espírito que demonstram a um mundo cético quanto é maravilhoso conhecer-Te. Seja a minha vida um exemplo do Teu poder e da Tua graça.

No nome bendito de Jesus, obrigado!

"Dar-vos-ei pastores segundo meu coração, que vos apascentarão com inteligência e sabedoria."

— Jeremias 3,15

Seja este o objeto de tuas prescrições e dos teus ensinamentos. Ninguém te despreze por seres jovem. Sê tu um exemplo para os fiéis: na palavra, na conduta, na caridade, na fé e na castidade. Aguardando a minha vinda, aplica-te à leitura, à exortação, à instrução. Não negligencies o carisma que está em ti e que te foi dado por profecia, quando a assembleia dos Presbíteros te impôs as mãos.

— 1 Timóteo 4,11-14

Se as ovelhas não têm a atenção constante do pastor, elas se perdem, ignorando os perigos que as espreitam. Ouviu-se dizer que pastavam à beira de um abismo [...] Assim, porque ovelhas são ovelhas, elas precisam de pastores que as conduzam. O bem-estar das ovelhas depende unicamente do cuidado que recebem do seu pastor. Por isso, quanto melhor o pastor, mais saudáveis as ovelhas.

— Kay Arthur

ABENÇOA O MEU GUIA ESPIRITUAL

Bom Pastor,
 Obrigado pelo guia espiritual que escolheste para a minha igreja. Obrigado por sua bondade e fidelidade. Obrigado por seus ensinamentos alicerçados sobre a Tua Palavra. Peço uma bênção especial para ele hoje. Ele atende a muitas pessoas de inúmeras maneiras. Ele trabalha com pessoas que passam por situações muito difíceis. E nem todos aqueles a quem ele dedica os seus cuidados dão uma resposta a Ti ou aos esforços dele. Ele conhece e lida com problemas que às vezes devem levá-lo ao desânimo.
 Peço que ele sinta a Tua presença de um modo especial hoje. Enquanto ele encoraja outras pessoas, peço que coloques no caminho dele pessoas que também o estimulem. Ajuda-me a ser um daqueles que apoiam e amam o seu guia espiritual, mesmo que eu não concorde com tudo o que ele faz. Quando meu guia abrir a Tua Palavra para estudo hoje, peço que fales diretamente ao seu coração. Inspira-lhe uma mensagem edificante para todos os que o ouvirem e que também seja uma bênção para ele próprio. Guarda o seu coração do esmorecimento e da tentação. Infunde-lhe força para todas as suas tarefas. Inspira-lhe uma visão que leve esta igreja ao crescimento e à vitalidade espiritual.
 Peço isso em nome de Jesus.

Não resta a menor dúvida em meu espírito de que o Deus que começou esta grande obra em vós irá continuá-la e concluí-la até o dia em que Cristo Jesus aparecer.

— Filipenses 1,6 (The Message)

Meus irmãos, tende por motivo de grande alegria o serdes submetidos a múltiplas provações, pois sabeis que a vossa fé, bem provada, leva à perseverança; mas é preciso que a perseverança produza uma obra perfeita, a fim de serdes perfeitos e íntegros sem nenhuma deficiência.

— Tiago 1,2-4

A maturidade não vem com a idade, mas com a aceitação da responsabilidade.

— Ed Cole

PRECISO AMADURECER

Pai Celeste,

O teu desejo para nós não é que estejamos satisfeitos ou felizes o tempo inteiro, mas que continuemos crescendo como cristãos maduros e plenos. O esforço de se assemelhar a Cristo é um processo que dura a vida inteira. Sinto que não estou progredindo muito nessa jornada. Confesso que estou me deixando levar pelas circunstâncias. Passo por altos e baixos emocionais e espirituais. Com facilidade, eu me sinto frustrado, irritadiço, cheio de inveja e competitivo.

Como a salvação é uma dádiva do amor divino, sei que o crescimento também se baseia na Tua obra na cruz. A minha tarefa é estar disposto e pronto a submeter-me à Tua vontade na minha vida. Faço isso neste momento. Digo "sim" a tudo o que me pedires. Abro todas as áreas da minha vida a Ti—relacionamentos, pensamentos, entretenimentos, atitudes e conversas.

Obrigado por seres fiel não só em perdoar os meus pecados, mas também por me concederes forças para que me torne a pessoa que queres que eu seja — madura, plena, a quem nada falta.

Recebo a Tua graça com toda fé e gratidão.

Agradeço-Te no santo nome de Jesus.

O Senhor é bom e misericordioso,
lento para a cólera e cheio de clemência.
Ele não está sempre a repreender.
Nem eterno é o seu ressentimento.
Não nos trata segundo os nossos pecados,
nem nos castiga em proporção às nossas faltas.
Porque tanto os céus distam da terra, quanto
sua misericórdia é grande para os que o temem.
Como o Oriente está longe do Ocidente,
assim ele afasta de nós os nossos pecados.
— Salmo 103,8-12

Todos nós andávamos desgarrados como ovelhas,
seguíamos cada qual nosso caminho;
o Senhor fez cair sobre ele
a iniquidade de todos nós.
— Isaías 53,6

E se tiveres cometido os pecados de mil
mundos? De um milhão de mundos? A misericórdia
de Cristo excederá a todos, o sangue de Cristo
te purificará de toda culpa.
— George Whitefield

PRECISO SER PERDOADO

Deus de Misericórdia,
 Recebi a dádiva da salvação que me ofereceste em Jesus Cristo, mas me desgarrei da relação Contigo. Eu errei e pequei. Sinto muito por isso. Envergonho-me das minhas ações. Não quero ser alguém sempre vacilante espiritualmente. Quero ser capaz de caminhar com fidelidade.
 Senhor, sei que não é por boas ações que sou salvo. A salvação é uma dádiva gratuita que Tu dispensas. Sei que, quando se trata da nossa vida espiritual, os seres humanos são como ovelhas — todos se desgarraram e se perderam. Ajuda-me a viver como Tu queres que eu viva, ajuda-me a ter mais fé, em vez de me esforçar mais. Ajuda a minha consciência a ser sempre sensível e a não me deixar entorpecer por todas as coisas ruins do mundo, para que eu possa sempre procurar-Te imediatamente em busca de perdão quando eu pecar.
 Ajuda-me a ter consciência da Tua presença por meio do Espírito Santo, para que eu evite as tentações e os pecados que tão facilmente me embaraçam.
 Perdoa-me agora. Redime os meus pecados. Torna o meu coração mais branco do que a neve, para que eu me apresente imaculado diante de Ti. Tanto quanto o Oriente dista do Ocidente assim também é a extensão do meu pedido para que me perdoes e esqueças os meus pecados.
 Peço e recebo o Teu perdão por meio do sangue de Jesus.

*Consideremos uns aos outros para
nos estimularmos ao amor
e às boas obras.*

— Hebreus 10,24

*O Deus da perseverança e da consolação
vos conceda terdes os mesmos sentimentos
uns para com os outros, a exemplo de
Cristo Jesus, a fim de que, de um só
coração e de uma só voz, glorifiqueis o
Deus e Pai de nosso Senhor Jesus Cristo.*

— Romanos 15,5-6

*Eu sei por que estou aqui, e o meu único
objetivo verdadeiro é viver cada dia
plenamente, tentar honrar a Deus e ser
um estímulo para os outros. O que o
futuro reserva está firmemente nas
mãos de Deus, e estou feliz por isso!*

— Ken Hensley

QUERO INCENTIVAR OUTRAS PESSOAS

Pai do Céu,

Tu nos criaste para que nos apoiemos uns aos outros e para sermos uma bênção para nossas famílias, comunidades e o mundo inteiro. Mas é muito fácil sermos absorvidos pelos nossos próprios desafios e problemas, e esquecer que o nosso próximo também sofre.

Penso nos meus amigos mais próximos. Pai, peço que me dês palavras de estímulo para cada um deles. Ajuda-me a encontrar um modo de animá-los e mostrar-lhes o Teu amor de maneira clara e objetiva. Ajuda-me a atiçar as chamas da fé que eles têm em Ti. Ajuda-me a lembrar-lhes amavelmente que foram criados por Ti para o amor e para a prática de boas ações.

Somente Tu nos dás forças para realizar a Tua vontade no mundo, mas com humildade — e emoção —, sei que podes usar até mesmo a mim para concretizar os Teus planos. Estou disposto, Senhor.

No nome precioso de Jesus, obrigado.

*Pois Deus não é Deus da
desordem, mas da paz.*
— 1 Coríntios 14,33

*Confia no Senhor com todo o teu coração,
não te fies em tua própria inteligência;
em todos os teus caminhos, reconhece-o,
e ele endireitará as tuas veredas.*
— Provérbios 3,5-6

*A simplicidade é a única qualidade que pode
dar uma direção nova e proveitosa à nossa vida,
de modo a podermos usufruir realmente
as nossas posses sem que elas nos destruam.*
— Richard J. Foster

PRECISO SIMPLIFICAR A MINHA VIDA

Amado Deus da Paz,
A minha vida está toda atravancada neste momento. A minha casa está toda desordenada. Não consigo encontrar nada. Estou trabalhando em muitas coisas e não fazendo bem nenhuma delas. Não me sinto ligado aos amigos e familiares porque corro em muitas diferentes direções. Estou esquecendo coisas e sempre chegando atrasado aos compromissos!

Eu sei, Deus amado, que não és Tu o autor dessa confusão. Sei que o inimigo da minha alma adoraria criar o maior número possível de distrações e preocupações para que eu me esqueça de confiar em Ti e de Te amar. Não há nada que ele adoraria mais do que roubar-me a alegria. Ele adoraria ver-me perder o meu senso de prioridade.

Mas Tu és um Deus de paz! Dirijo-me a Ti neste momento em busca de orientação a respeito das coisas que preciso conservar neste momento e das que preciso abandonar. Assumi tarefas demais e acabei me deixando distrair por aquelas que realmente não importam. Preciso abandonar até mesmo algumas boas atividades para poder fazer o que é melhor. Ao recorrer a Ti hoje, peço que me dês um novo sentido de ordem e paz para a minha vida e para a minha casa.

Obrigado por essa paz, em nome de Jesus.

Mas os que põem a sua esperança no Senhor renovam as suas forças, abrem asas como as águias, correm e não se fadigam, caminham e não se cansam.

— Isaías 40,31

Poderoso é Deus para cumular-vos com toda espécie de graças, para que tendo sempre e em tudo o necessário, vos reste ainda muito para toda espécie de boas obras.

— 2 Coríntios 9,8

É reconfortante saber que podemos contar com a força e o auxílio de Deus quando enfrentamos os mais diversos problemas. A ele a glória, e que se mostre forte.

— Autor Desconhecido

RENOVA AS MINHAS FORÇAS

Senhor Todo-Poderoso,
    Peço-Te renovada força, visão, otimismo, alegria, determinação, coragem, senso de humor, confiança, amor, bondade, compaixão, contentamento, fé, amizade, brandura, paciência, além de todas as outras virtudes que me tornam um ponto de luz no mundo.
    Não venho a Ti derrotado ou desanimado — apenas quero sentir mais intensamente o Teu amor e poder. Quero energia e entusiasmo para viver a vida abundante que Te glorifica e que atrai as pessoas a Ti.
    Senhor, o simples fato de falar Contigo, de passar algum tempo ao Teu lado, de esperar diante de Ti, já me transmite uma centelha de vitalidade que eu não sentia antes. Obrigado por Tua bondade para comigo. Recebo Teu amor, graça, compaixão, bênçãos e fortalecimento com toda a humildade e gratidão.
    A Tua ação em mim me impulsiona a fazer muito mais do que apenas mover-me — com a Tua força, eu posso levitar! Obrigado por trabalhares em mim. Peço tudo isso com o coração agradecido, em nome de Jesus.

"Eu vos disse essas coisas para terdes paz [perfeita] e confiança em mim. No mundo tendes tribulações, provações, aflições e frustração; mas animai-vos [tomai coragem; sede confiantes, seguros, destemidos], pois eu venci o mundo. [Eu lhe arrebatei o poder de fazer-vos mal e o derrotei para vós.]"
— João 16,33 (AMP)

Quem nos separará do amor de Cristo? A tribulação, a angústia, a perseguição, a fome, a nudez, o perigo, a espada? Segundo está escrito: Por sua causa somos postos à morte o dia todo, somos considerados como ovelhas destinadas ao matadouro. Mas em tudo isso somos mais que vencedores, graças àquele que nos amou. Pois estou convencido de que nem a morte nem a vida, nem os anjos nem os principados, nem o presente nem o futuro, nem os poderes, nem as alturas, nem os abismos, nem qualquer outra criatura poderá nos separar do amor de Deus manifestado em Cristo Jesus, nosso Senhor.
— Romanos 8,35-39

Por mais escarpada que seja a montanha — o Senhor a subirá contigo.
— Helen Steiner Rice

QUERO SUPERAR AS ADVERSIDADES

Deus da Graça,
    Quando a vida fica difícil, queixo-me com muita facilidade, sinto pena de mim mesmo e até vontade de desistir. Vivo numa terra de tanta abundância que às vezes perco o espírito de prontidão e luta que deve caracterizar uma pessoa firme e valorosa.
    Ajuda-me a ter sempre consciência do grande amor que me demonstraste com o sacrifício de Jesus Cristo. Como grande exemplo de fé para mim, Ele superou todos os tipos de sofrimento e tentação.
    Deus meu, és paciente e bondoso, célere para perdoar. Acima de tudo, quero honrar-Te sendo um vencedor. Obrigado por dar-me a ajuda e a força de que necessito sempre que enfrento a tentação e a adversidade de qualquer natureza.
    Agradeço-Te no poderoso nome de Jesus.

Disse o Senhor a Abraão: "Deixa tua terra, tua família e a casa de teu pai, e vai para a terra que eu te mostrar. Farei de ti uma grande nação; eu te abençoarei e exaltarei o teu nome, e tu serás uma fonte de bênçãos! Abençoarei os que te abençoarem e amaldiçoarei os que te amaldiçoarem. Todas as famílias da terra serão benditas em ti".

— Gênesis 12,1-3

"Não fui eu que te ordenei? Sê firme e corajoso. Não te atemorizes, não tenhas medo, porque o Senhor teu Deus está contigo em qualquer parte para onde vás."

— Josué 1,9

Quando uma porta se fecha, outra se abre; mas muitas vezes ficamos olhando por tanto tempo e com pesar para a porta que se fechou, que não vemos a que se abriu.

— Alexander Graham Bell

ESTOU MUDANDO DE ENDEREÇO

Deus Fiel,

Estou me preparando para mudar. Estou animado e compreendo que essa mudança representa um novo começo e oportunidade para mim. Mas também estou nervoso e até assustado. É grande a sensação de perda por deixar amigos e vizinhos. Estou fatigado com tanto planejamento e trabalho que a transferência de uma casa para outra implica.

Confio em Ti para cuidar de mim neste momento da minha vida. Sei que tornarás meus caminhos planos e a transição suave. Obrigado. Peço de modo particular que me ajudes a encontrar uma nova igreja e a fazer novos amigos. Peço que o trabalho (escola, pessoa) responsável por essa mudança traga a realização que espero.

Obrigado por nunca me deixares nem me abandonares, mesmo quando me mudo de um local para outro.

Em nome de Jesus, agradeço.

*A bondade e a fidelidade não se afastem de ti,
ata-as ao teu pescoço, grava-as em teu
coração; assim obterás graça e reputação
aos olhos de Deus e dos homens.*
— Provérbios 3,3-4

*Bom renome vale mais que grandes riquezas,
a boa reputação vale mais que a prata e
o ouro. Rico e pobre se encontram:
foi o Senhor que criou ambos.*
— Provérbios 22,1-2

*De todas as propriedades que pertencem a
homens honrados, nenhuma é tão valiosa
quanto o caráter.*
— Henry Clay

O MEU CARÁTER

Deus de Justiça,

Quando somos honestos, justos, leais e generosos, atraímos a generosidade das pessoas em nossa vida e, acima de tudo, a Tua. Peço que essas qualidades envolvam todos os meus relacionamentos e todas as minhas atividades profissionais para que eu seja conhecido como alguém de caráter inatacável. Peço que a minha reputação traga honra e glória ao Teu nome.

Se tomei alguns atalhos éticos e me revelei uma pessoa sem caráter em minhas relações com outros, peço sabedoria e força para fazer tudo o que puder para consertar as coisas. Ajuda-me a pedir desculpas com sinceridade. Ajuda-me a reparar meu erro. Ajuda-me a admitir todo ato desonesto.

Pedes que sejamos diferentes para podermos fazer diferença no mundo. Quero que a minha reputação seja um farol, indicando como me tornaste uma pessoa renovada e diferente.

Obrigado por me corrigir e me ajudar a amadurecer e a me levantar quando tropeço. Que os meus pensamentos, palavras e obras sejam um louvor constante a Ti, Deus de Justiça.

No santo nome de Jesus, agradeço.

Guardai-vos dos falsos profetas, que vêm a vós disfarçados de ovelhas, mas por dentro são lobos ferozes.

— Mateus 7,15

Como houve entre o povo falsos profetas, assim também haverá entre vós falsos mestres, que introduzirão disfarçadamente seitas perniciosas. Eles, renegando assim o Senhor que os resgatou, atrairão sobre si uma ruína repentina.

— 2 Pedro 2,1

Nada torna um homem tão virtuoso quanto a crença na verdade. Uma doutrina falsa logo gerará uma prática falsa. Um homem não pode ter uma crença errônea sem logo ter uma vida equivocada. Eu acredito que uma coisa gera naturalmente a outra.

— Charles Spurgeon

PRECISO DE PROTEÇÃO CONTRA ENSINAMENTOS FALSOS

Deus Querido,

Vivemos tempos de muita confusão espiritual. Milhares de vozes afirmam conhecer a verdade e os caminhos para a paz, para a felicidade e a vida eterna. Muitos desses pregadores não sabem nem reconhecem que és o único Deus verdadeiro, que somente Tu és digno de louvor.

Em tempos de crise, falsos mestres aliciam pessoas de fé fraca e que desconhecem a Tua Palavra. Peço que faças surgir homens e mulheres que proclamem corajosamente a verdade de Jesus Cristo. Peço que protejas os inocentes e crédulos dos lobos em vestes de ovelhas.

Meu Deus, ajuda-me a ser sempre capaz de oferecer uma razão para a esperança que está dentro de mim. Peço que eu não seja lançado de um lado para o outro pelas ondas de falsos ensinamentos. Peço que eu continue a crescer em sabedoria e fé; que eu seja maduro e completo, que nada que tenha valor espiritual me falte.

No nome inigualável de Jesus, obrigado.

"*Vinde a mim, vós todos que estais cansados sob o peso do vosso fardo, e eu vos darei descanso. Tomai sobre vós o meu jugo e aprendei de mim, porque sou manso e humilde de coração, e achareis repouso para vossas almas, pois o meu jugo é suave e o meu fardo é leve.*"
— Mateus 11,28-30

Entregai a Deus todas as vossas preocupações, porque é ele que cuida de vós.
— 1 Pedro 5,7

O que pode ser mais leve do que um peso que remove os nossos fardos, e um jugo que suporta aquele que o carrega?
— São Bernardo

NÃO CONSIGO CARREGAR O MEU FARDO

Senhor, meu Consolador,
 Tu conheces o fardo que estou carregando neste momento. Não venho a Ti para me queixar ou para sentir pena de mim mesmo. Apenas preciso dizer-Te que não consigo mais carregar este peso. Venho a Ti fatigado. Não sei como posso continuar.

 Obrigado por convidar-me a trazer os meus fardos a Ti. Obrigado por me deixar ser franco com relação ao que sinto e à tentação de desistir. Obrigado por entender que estou me esforçando para expressar positivamente fé e esperança neste momento. Obrigado pela promessa de dar-me toda força de que necessito para os desafios de cada dia — mesmo que eu não me sinta muito forte neste momento.

 Sou reconhecido e grato por ainda me aceitares e acolheres como eu sou, e por Te ofereceres para carregar o meu fardo comigo. Não sei como colocar isso em Tuas mãos, mas no meu coração e espírito entrego-Te agora o meu fardo.

 Senhor, o simples fato de saber que estás ao meu lado neste momento enche a minha alma de esperança.

 Obrigado, em nome de Jesus.

*"Eu creio! Ajuda-me a superar
a minha incredulidade!"*
— Marcos 9,24

Um dos Doze, Tomé, chamado Dídimo, não estava com eles quando veio Jesus. Os outros discípulos, então, lhe disseram: "Vimos o Senhor!" Mas ele lhes disse: "Se eu não vir em suas mãos o lugar dos cravos e não puser meu dedo no lugar dos cravos, e minha mão no seu lado, não acreditarei".
— João 20,24-25

Acredite, a dúvida sincera contém em si mais fé do que grande parte dos credos.
— Alfred Lord Tennyson

TENHO DÚVIDAS

Senhor Fiel,
 É difícil vir a Ti em oração quando tenho dúvidas em meu coração. Mas sei que pedes que me aproxime de Ti com todas as minhas necessidades. Tu acolheste o apóstolo Tomé quando ele duvidou da Tua ressurreição e lhe mostraste as Tuas mãos perfuradas, assim como também acolhes a mim.
 Eu preciso Te ver e sentir a Tua presença. Eu tenho fé, mas é uma fé fraca. Preciso de uma percepção renovada de que Tu e a Tua verdade são reais.
 O grande ceticismo e cinismo que infestam o mundo em que vivo me tentam constantemente. Peço que me ajudes a resistir às tentações de zombeteiros e críticos.
 Peço que transformes e renoves a minha mente neste momento em que me ofereço a Ti com uma fé singela. Obrigado por Teu amor por mim. Ajuda-me a me agarrar a esse amor quando as ondas da dúvida me golpeiam.
 Peço isso no nome precioso de Jesus.

Um coração alegre é um santo remédio.

— Provérbios 17,22

*Transbordo de alegria no Senhor, a minha
alma se regozija no meu Deus, porque
Ele me vestiu com vestes de salvação,
cobriu-me com um manto de justiça.*

— Isaías 61,10

*Se eu não puder rir no céu,
não quero ir para lá.*

— Martinho Lutero

PRECISO ME ALEGRAR E RIR

Deus da Graça,

Sei que são muitos os motivos que nos levam à seriedade com relação à vida, mas receio que me tornei aborrecido e soturno demais com relação a tudo. Não sou alguém divertido para se ter por perto. Faço críticas quando vejo outras pessoas se divertindo. Esqueci-me de que és o Deus da alegria e do riso.

Obrigado por nos criar para sentir alegria e contentamento. Obrigado por nos chamar a celebrar como membros do Teu Reino. Jesus Cristo sabia divertir-se e rir — e foi até mesmo criticado por líderes religiosos por causa disso. Sei que Tu queres que eu saiba quando é o momento de ser moderado, respeitoso, atencioso e sério, mas também me convidas a relaxar, celebrar, sorrir e gargalhar com o humor e a leveza da vida.

Ajuda-me hoje a lembrar que és Deus e que tens tudo sob controle. Não vou me preocupar, julgar nem andar por aí com um semblante carrancudo. Vou rir das piadas — e até contar algumas que conheço. Vou sentir a alegria e a satisfação de saber que Tu me amas e que me tens protegido em Tuas mãos.

Com a Tua graça, vou ser uma testemunha da vida alegre que concedes quando eu sorrio para o mundo.

No nome admirável de Jesus, obrigado.

"Buscai em primeiro lugar o Reino de Deus e a sua justiça e todas essas coisas vos serão dadas em acréscimo."
— Mateus 6,33

"Se alguém quer vir após mim, renuncie a si mesmo, tome cada dia a sua cruz e siga-me. Pois aquele que quiser salvar a sua vida vai perdê-la, mas o que perder a sua vida por causa de mim, esse a salvará. Com efeito, que aproveita ao homem ganhar o mundo inteiro, se perder ou arruinar a si mesmo?"
— Lucas 9,23-25

Se queremos avançar, precisamos voltar e redescobrir estes valores preciosos — que toda realidade se sustenta sobre fundamentos morais e que toda realidade tem controle espiritual.
— Martin Luther King Jr.

PRECISO MUDAR AS MINHAS PRIORIDADES

Deus de Sabedoria,

Eu me extraviei. Desviei-me do caminho. Meus valores não estão onde deveriam estar. Eu me deixe levar pelas coisas erradas. Estou espiritualmente desmotivado. As minhas prioridades são confusas. Não gosto do que fiz da minha vida até aqui.

Não tenho respostas para endireitar as coisas agora. Por isso dirijo-me humildemente a Ti. Peço o Teu perdão. Quero que saibas que eu Te amo, embora assim não pareça há muito tempo. Quero aproximar-me de Ti novamente. Peço que me aceites em Tua presença como o pai amoroso aceitou o Filho Pródigo.

Coloca em mim um novo coração, ó Deus. Ajuda-me a amar o que Tu amas, a odiar o que Tu odeias, a dar prioridade ao que Tu dás primazia. Quero que Tu e os Teus caminhos sejam a prioridade essencial em minha vida. Apego-me à Tua promessa de que se eu buscar a Ti e a Teu reino em primeiro lugar, tudo o mais se acomodará. Eu desejo e peço isso agora com todo meu coração.

Obrigado por Tua bondade e senso de correção, meu Deus. Obrigado por me tornar consciente da minha necessidade de Ti e por poder entregar minhas prioridades a Ti.

Agradeço-Te em nome de Jesus.

*Porque um menino nos nasceu, um filho
nos foi dado; ele recebeu o poder sobre
seus ombros, e lhe foi dado este nome:
Conselheiro admirável, Deus forte,
Pai Eterno, Príncipe da Paz.*

— Isaías 9,5

*E subitamente juntou-se ao anjo uma
multidão do exército celeste a
louvar a Deus dizendo: "Glória a
Deus no mais alto dos céus e paz
na terra aos homens que Ele ama!"*

— Lucas 2,13-14

*Natal, meu filho, é amor em ação. Sempre
que amamos, sempre que damos, é Natal.*

— Dale Evans

ORAÇÃO DE NATAL

Deus da Alegria,
    As festividades de Natal se aproximam. Espero ansiosamente passar momentos especiais com meus amigos e familiares e celebrar o Teu amor e bondade para conosco. Muito obrigado por nos dares o presente que é Jesus. Ajuda-me a ter um coração repleto de gratidão e louvor ao lembrar-me daquela gloriosa noite tão distante.
    Muitas pessoas não esperam o Natal com expectativa e se sentem deprimidas e solitárias. Tu sabes quem eu tenho em meu coração e em minha mente. Dá-me a graça de ir ao encontro dessas pessoas com bondade e estímulo.
    Algumas pessoas são infelizes durante o período natalino porque não Te conhecem e ainda resistem à Tua graça. Elas parecem combater o espírito de Natal. Peço que mesmo os que se rebelam sintam a maravilha da história — e da verdade — do Natal.
    Abençoa os meus amigos e as pessoas que eu amo. Propicia-nos momentos agradáveis ao nos reunirmos, dos quais jamais nos esqueceremos.
    Em nome de Jesus, obrigado.

*Sei viver modestamente, e sei também
como haver-me na abundância; estou
acostumado com toda e qualquer situação:
viver saciado e passar fome; ter
abundância e sofrer necessidade.*

— Filipenses 4,12

*Na verdade, em tudo isso só vejo dano,
comparado com esse bem supremo: o conhecimento
de Jesus Cristo, meu Senhor. Por ele, tudo
desprezei e considero como de esterco,
a fim de ganhar Cristo.*

— Filipenses 3,8

Procura todos os dias ter uma comunhão mais
íntima com Ele, que é teu Amigo, e conhecer
mais a fundo Sua graça e poder. Ser um verdadeiro cristão
não é apenas acreditar num certo
conjunto de áridas proposições abstratas:
é viver em comunicação pessoal diária com
uma pessoa viva real — Jesus Cristo.

— J. C. Ryle

QUERO ME APROXIMAR MAIS DE DEUS

Amado Pai do Céu,
    Seja a minha vida fácil ou difícil; quer as coisas aconteçam de modo certo ou incerto, peço que em todas as etapas da vida o meu maior desejo seja aproximar-me cada vez mais de Ti. Não permitas que o sucesso ou o fracasso afastem meus olhos de Ti e do que mais importa na vida. Não quero jamais me afastar de Ti e perder o amor que Te devoto. Deus meu, sabes que tenho fé, mas peço que ajudes a minha fé a se tornar ainda mais forte e maior.
    Quando a vida parece mais fácil e confortável, é tentador para mim desviar-me da caminhada espiritual; acreditar de certo modo que tenho as coisas sob controle e não preciso muito da Tua ajuda. Quando a vida é difícil, sei que às vezes tenho sucumbido à tentação do desânimo. Não quero ser uma pessoa de fé fraca.
    Hoje quero me aproximar de Ti, sabendo perfeitamente que Te aproximarás de mim. Confesso minha dependência absoluta de Ti. Declaro que nada do que possuo, nenhuma realização ou habilidade, pode se comparar ao privilégio e à alegria de Te conhecer ainda melhor.
    Agradeço-Te neste momento por me fortaleceres na minha fé, em nome de Jesus.

Encontro, pois, em mim esta lei: quando quero fazer o bem, apresenta-se em mim o mal. Deleito-me na lei de Deus, no íntimo do meu ser. Sinto, porém, nos meus membros outra lei, que luta contra a lei do meu espírito e me prende à lei do pecado que está nos meus membros. Homem infeliz que sou! Quem me livrará deste corpo que acarreta a morte? Graças sejam dadas a Deus, por Jesus Cristo Senhor nosso.
— Romanos 7,21-25

"Vigiai e orai a fim de não cairdes em tentação, pois o espírito está pronto, mas a carne é fraca."
— Mateus 26,41

Toda vez que resistimos à tentação, conquistamos uma vitória.
— Frederick William Faber

MEU GRANDE PECADO

Deus da Salvação,

Conheces o meu grande pecado, verdadeira praga em minha vida espiritual que não consigo dominar.

Orei antes pedindo a Tua ajuda, mas sempre torno a cair. Procurei me manter ocupado e achar outras maneiras de ignorá-lo, mas ele parece ser meu companheiro inseparável. Meu espírito está pronto, mas a minha carne é fraca.

Estou perdido. Não sei o que fazer. Tu sabes que eu Te amo e que quero sentir a Tua presença em todas as áreas da minha vida, mas este pecado me envergonha diante de Ti e me leva a pensar que não podes mais me amar. Ele faz com que me sinta desprezível para mim mesmo.

Estou desesperado. O que posso fazer, meu Deus?

Peço que não me rejeites. Submeto-me à Tua vontade e ao Teu modo de lidar com isso. Não quero racionalizar e aceitar o pecado em minha vida, mas, caso a solução custe a ser encontrada, peço a graça de pedir perdão tantas vezes quantas forem necessárias para usufruir da Tua amizade.

Assim como o apóstolo Paulo orou para livrar-se da sua enfermidade, peço que libertes também a mim e me leves à vitória definitiva.

Obrigado em nome de Jesus.

Corríeis bem; quem vos pôs obstáculos para não obedecerdes à verdade? Esta sugestão não vem daquele que vos chama. "Um pouco de fermento leveda toda a massa." Tenho no Senhor esta confiança em vós: que não pensareis de modo diverso. Mas aquele que vos perturbar, responderá por isso, seja quem for.

— Gálatas 5,7-10

Cuidai de vós mesmos e de todo o rebanho sobre o qual o Espírito Santo vos constituiu guardiães, para pastorear a Igreja de Deus, que ele adquiriu para si pelo sangue do seu próprio Filho.

— Atos 20,28

A Igreja é uma instituição perpetuamente conquistada que sempre sobrevive aos seus conquistadores.

— Hilaire Belloc

A MINHA IGREJA ESTÁ RUINDO

Pai Misericordioso,
A minha igreja não está indo bem. Há discórdia e grandes desavenças. As pessoas a estão abandonando e procurando outras igrejas ou simplesmente desistindo de tudo. Os que permanecem parecem insatisfeitos e entediados. Não vejo neles um espírito de amor e de serviço ao próximo. Não garanto que um visitante se sentiria bem acolhido aqui. Mesmo o nosso guia espiritual parece desanimado.

Pai Celeste, não sou um desertor. Não quero abandonar a minha igreja. Quero ficar e ser testemunha de mudanças drásticas, de uma renovação por meio da qual possamos voltar a nos amar uns aos outros e a encontrar novos meios de alcançar os mais próximos e o mundo com Teu evangelho. Mas, Pai, também admito que preciso fazer parte de uma sociedade em que eu possa receber alimento espiritual.

Assim, podes me ajudar a conhecer a Tua vontade para mim? Preciso da Tua orientação e também que o Teu Espírito fale ao meu coração.

Se quiseres que eu fique, farei tudo o que estiver ao meu alcance para construir este corpo de Cristo. Se eu permanecer, ajuda-me a receber estímulo espiritual por meio de livros, vídeos e do estudo da Bíblia ou de outro grupo de praticantes. Se me liberares para procurar outra igreja, ajuda-me a encontrar aquela em que a Tua Palavra é proclamada e eu tenha oportunidades para me dedicar tanto à congregação quanto ao serviço ao próximo.

Mesmo quando a igreja está fraca e passa por dificuldades, ela continua sendo igreja quando estiveres presente.

Agradeço-Te por isso em nome de Jesus.

Uma coisa faço: esquecendo-me do que fica para trás e avançando para o que está diante, prossigo para o alvo, para o prêmio da vocação do alto que vem de Deus em Cristo Jesus.

— Filipenses 3,13-14

Não desanimemos na prática do bem, pois, se não desfalecermos, a seu tempo colheremos.

— Gálatas 6,9

Jamais desistir, jamais, jamais, jamais.

— Winston Churchill

NÃO VOU DESISTIR

Senhor Amado,
　　Mesmo que os meus amigos me abandonem, não vou desistir.
　　Mesmo que os meus filhos passem por um período de rebelião, não vou desistir.
　　Mesmo que a minha esposa (marido) e eu briguemos durante algum tempo, não vou desistir.
　　Mesmo que a minha igreja se depare com problemas, não vou desistir.
　　Mesmo que a minha vida não corresponda ao que esperas de mim e ao que eu espero de mim mesmo, não vou desistir.
　　Tu me ajudaste a semear sementes de fé e graça. E prometeste que se eu perseverar, se eu não desistir, no tempo oportuno a colheita será abundante.
　　Senhor, antevejo dias maravilhosos. Não vou desistir agora!

MISSÃO E SERVIÇO AO PRÓXIMO

Fé e obediência sempre andam juntas.
Quem obedece a Deus confia em Deus;
e quem confia em Deus obedece a Deus.
Quem não tem fé não tem obras; e
quem não tem obras não tem fé.
— Charles H. Spurgeon

Quando houver um pobre em teu meio, que seja um só dos teus irmãos numa só das tuas cidades, na terra que o Senhor teu Deus te dará, não endurecerás o teu coração nem fecharás a mão para este teu irmão pobre [...] Nunca faltarão pobres na terra; é por isso que te ordeno: abre a mão em favor do teu irmão necessitado ou do pobre que vive em tua terra.
— Deuteronômio 15,7,11

Não negligencieis a beneficência e a liberalidade, porque são estes os sacrifícios que agradam a Deus.
— Hebreus 13,16

Enquanto as mulheres choram, como agora, eu lutarei; enquanto as crianças passam fome, como agora, eu lutarei; enquanto os homens vão para a prisão, entrando e saindo, entrando e saindo, como agora, eu lutarei; enquanto houver um bêbado, enquanto houver uma menina pobre perdida nas ruas, enquanto houver uma alma negra sem a luz de Deus, eu lutarei; eu lutarei até o derradeiro fim.
— General William Booth

QUERO SER UMA BÊNÇÃO PARA OS OUTROS

Deus Misericordioso,

És um Deus admirável, cheio de compaixão e bondade. Teu amor e misericórdia não conhecem limites. O Teu coração está sempre voltado para os que sofrem e para os que passam por necessidades insuperáveis. És o pai do órfão e o marido da viúva. Tu restituis a visão ao cego. O pobre encontra em Teu coração um lugar especial.

Eu quero praticar boas ações e ajudar as pessoas. Sei que a minha família precisa de mim. Mas sei também que muito Te agrada a minha disposição de ir ao encontro dos necessitados. Peço que revigores em mim um coração misericordioso e me dês forças para tomar algumas iniciativas nesse sentido.

Ao dividir com os necessitados os meus recursos financeiros e o meu tempo, estarei louvando-Te pelas muitas graças que me dás. Abre os meus olhos para as necessidades que afligem o mundo inteiro — e também para os meus vizinhos da casa ao lado.

Em nome de Jesus, obrigado.

Nós sabemos que Deus coopera em tudo para o bem daqueles que o amam, daqueles que são chamados segundo os seus desígnios.
— Romanos 8,28

"*Se alguém quiser ser o primeiro, seja o último de todos e o servo de todos.*"
— Marcos 9,35

Na vida cotidiana, dificilmente nos damos conta de que recebemos muito mais do que damos e de que somente a gratidão enriquece a vida.
— Dietrich Bonhoeffer

ESTOU ABORRECIDO
E NÃO TENHO OBJETIVOS

Deus Criador,
Não estou satisfeito com a minha vida neste momento. Caí num estado de tédio e até de certa apatia com relação à vida. Tenho a impressão de não ter um objetivo. Não se trata apenas de descobrir o que eu quero fazer, mas principalmente de saber o que *Tu* queres que eu faça!

Ajuda-me a superar a autossuficiência, a autoindulgência, a autogratificação para Te servir. São tantas as necessidades à minha volta — a seara está madura para a colheita. Basta que eu abra os olhos para ver os muitos caminhos que conduzem para o alto e para além da vida comum e rotineira em direção a uma vida plena.

Perdoa a minha complacência e o meu egocentrismo. Dá-me uma nova visão para ver o mundo como Tu o vês. Quer se trate de ser um marido (esposa) melhor, um pai (mãe), parente ou amigo melhor — ou de ser um guardião, orientador, empreiteiro ou alguém que serve sopa num abrigo — ajuda-me a receber o Teu poder e energia para realizar essas tarefas e fazer diferença.

Acima de tudo, quero que o Teu Espírito atue em meu íntimo, mostrando-me o que é importante e inspirando-me a fazer alguma coisa com relação a isso. Fixar a atenção apenas em mim não é o caminho para a realização e a felicidade. A minha vida só tem sentido no serviço a Ti e ao próximo.

Obrigado por me dares um objetivo que vai muito além de mim e é maior do que eu.

Agradeço-Te em nome de Jesus.

*Portanto, quer comais, quer bebais, quer façais
qualquer outra coisa, fazei tudo para a
glória de Deus. Não vos torneis ocasião de
escândalo, nem para os judeus, nem para
os gregos, nem para a Igreja de Deus.
Fazei como eu: em todas as circunstâncias,
esforço-me por agradar a todos, não procurando
os meus interesses pessoais, mas os do maior
número, a fim de que todos sejam salvos.*
— 1 Coríntios 10,31-33

*Dou sempre graças ao meu Deus, lembrando-me
de ti em minhas orações, porque ouço falar
do teu amor e da fé que te anima em
relação ao Senhor Jesus e para com todos
os cristãos. Peço a Deus que esta fé
que nos é comum se mostre eficaz e
e nos leve a compreender que todos os
bens que temos são para Cristo.*
— Filemom 1,4-6

*Milhões de cristãos estão se fartando com
as graças do evangelho, enquanto dezenas de
milhões nunca tiveram sequer uma prova dele.*
— Vance Havner

QUERO COMPARTILHAR A MINHA FÉ

Senhor Amado,
Obrigado por me salvares. Tu deixaste o Céu para viver entre nós e mostrar-nos o que é uma vida perfeita — e fundamentalmente para morrer por nossos pecados para que pudéssemos ser salvos. Se deixei de dizê-lo com frequência suficiente, quero dizer agora que sou eternamente agradecido pelo que fizeste por mim por meio da Tua morte e ressurreição.

Não quero julgar os que estão à minha volta. Mas vejo amigos, familiares e conhecidos que vivem sem Ti. Alguns transformaram sua vida numa verdadeira calamidade. Outros, por critérios mundanos, parecem estar bem, mas não estão preparados para a eternidade porque não Te conhecem e não Te introduziram em suas vidas.

Peço que me dês um amor especial por todos os que não sentiram a alegria da Tua salvação. Mediante minhas palavras e ações, ajuda-me a dar um testemunho inspirador de Ti. Sei que isso não significa perfeição — somente Tu és perfeito —, mas significa uma vida permeada pela graça. Peço que me dês oportunidades na vida e situações quotidianas para compartilhar com outros, com coragem e naturalidade, o que Tu fizeste por mim.

*O Senhor é bom para quem nele confia,
para aquele que o busca. É bom
esperar em silêncio o socorro do Senhor.*

— Lamentações 3,25-26

*O mesmo Nosso Senhor Jesus Cristo e Deus,
nosso Pai, que nos amou e nos deu consolação
eterna e boa esperança pela graça, animem
os vossos corações e vos confirmem em tudo
o que fazeis e dizeis em vista do bem.*

— 2 Tessalonicenses 2,16-17

Onde a esperança cresce, milagres florescem.

— Elna Rae

PRECISO DE ESPERANÇA PARA O FUTURO

Deus Amado,

Os bens mais preciosos que podemos possuir na vida são a fé, a esperança e o amor. Sinto que tenho pouca esperança neste momento. Confesso que, por mais que me esforce, não sou otimista com relação ao futuro. A impressão que tenho é que o mundo está seguindo na direção errada em questões de fé e moralidade — e isso afeta tudo de modo negativo, da situação do nosso país à vida de cada família.

Lembra-me, Senhor, que nunca houve nem jamais haverá nenhuma esperança verdadeira além de Ti. Nações aparecem e desaparecem. Empresas vêm e vão. Bairros mudam. Fortunas se fazem e se desfazem. Mas Tu és eterno. E o Teu amor por mim é constante agora e por toda a eternidade, dando-me esperança e um futuro. Tu vieste para que nós não pereçamos, para que tenhamos vida eterna.

Senhor, ajuda-me a ver o amanhã e cada dia futuro à luz da eternidade. Lembra-me de que Tu tens tudo sob controle. Se o mal está em ação no mundo é somente porque és lento na cólera e no julgamento para que mais pessoas possam se salvar.

Obrigado por plantar em mim as sementes da esperança e ajuda-me a nutrir essas sementes com fé e oração.

Agradeço-Te em nome de Jesus.

*Pela graça fostes salvos, por meio da fé.
Isso não provém de vossos merecimentos,
mas é dom de Deus. Não provém das obras,
para que ninguém se encha de orgulho.
Somos obra sua, criados em Jesus Cristo
para as boas obras que Deus já antes tinha
preparado para que nelas andássemos.*

— Efésios 2,8-10

*Foi precisamente por isso que te conservei de
pé, para fazer-te ver o meu poder e para que
o meu nome seja glorificado em toda a terra.*

— Êxodo 9,16

*Sou apenas um, mas ainda assim sou um. Não posso
fazer tudo, mas consigo fazer alguma
coisa. Não deixarei que aquilo que não
posso fazer afete o que consigo fazer.*

— Edward Everett Hale

QUERO SER UMA INFLUÊNCIA POSITIVA

Pai do Céu,

Estiveste agindo em meu coração. Plantaste as sementes do amor e do carinho que nunca consegui plantar por mim mesmo. Despertei para as necessidades do mundo, tanto do mundo próximo quanto do distante. Estou disposto e pronto a ajudar onde quer que desejares que eu sirva.

Muitas coisas precisam ser feitas, e eu não sei sequer por onde começar. Não sei que grupos apoiar financeiramente e não sei com quem queres que eu me envolva diretamente.

Peço que fales ao meu coração e à minha mente sobre onde queres que eu sirva. Obrigado pelo bom senso, pelos conselhos de outros, por oportunidades que estão imediatamente à minha frente. Mas também peço que me ajudes a escutar a Tua voz, a ouvir o Teu chamado para a minha vida. Ao servir ao meu próximo, sirvo em Teu nome; e que isso me fortaleça.

Plantaste uma semente em meu coração e peço que a transformes em algo belo, meu Deus.

No nome santo de Jesus, obrigado.

"Com efeito, de tal modo Deus amou o mundo, que entregou seu Filho único, para que todo o que nele crer não pereça, mas tenha a vida eterna. Pois Deus não enviou seu Filho ao mundo para julgar o mundo, mas para que o mundo seja salvo por ele."

— João 3,16-17

"Ouvistes o que foi dito: 'Amarás o teu próximo e odiarás o teu inimigo'. Eu, porém, vos digo: Amai os vossos inimigos, fazei o bem aos que vos odeiam e orai pelos que vos perseguem e maltratam. Desse modo vos tornareis filhos de vosso Pai que está no céu, pois ele faz nascer o seu sol igualmente sobre maus e bons e cair a chuva sobre justos e injustos."

— Mateus 5,43-45

Amor significa amar o que não é amável; do contrário, não seria virtude nenhuma.

— G. K. Chesterton

AJUDA-ME A AMAR O MUNDO EM QUE VIVO

Deus Amado,

Muitas coisas acontecem hoje no mundo que dilaceram o Teu coração e despertam a Tua ira.

Quando ouço notícias de violência, crueldade, exploração e negligência, também fico triste e irritado — e muitas vezes julgo as pessoas. Observo que há indivíduos, grupos e mesmo países pelos quais não tenho amor. Não quero achar desculpas que justifiquem governantes, líderes e organizações que fazem o mal. Ajuda-me a lembrar, porém, que, ao enviar Jesus, o Teu propósito não era condenar o mundo, e que por isso eu também não posso condená-lo.

Peço que me ajudes a ser causa de redenção, a ver o mundo através dos Teus olhos de amor e compaixão. Quando começo a condenar os outros, ajuda-me a orar pela salvação dos que são maus. Mostra-me como posso ajudar pessoas e organizações que trabalham para a redenção do mundo — e participar diretamente quando me dás a oportunidade.

No nome amoroso de Jesus, obrigado.

*Ouvi então a voz do Senhor que dizia:
"Quem hei de enviar? Quem irá por nós?"
Eu respondi: "Eis-me aqui, envia-me".*
— Isaías 6,8

Jesus, aproximando-se deles, falou: "Toda a autoridade sobre o céu e sobre a terra me foi entregue. Ide, portanto, e fazei discípulos de todas as nações, batizando-os em nome do Pai, do Filho e do Espírito Santo e ensinando-os a observar tudo quanto ordenei. E eis que estou convosco todos os dias, até a consumação dos séculos".
— Mateus 28,18-20

Pregai o evangelho sempre; quando necessário, usai palavras.
— São Francisco de Assis

SINTO-ME CHAMADO AO MINISTÉRIO

Pai Amoroso,
 Sinto em meu coração que estás me convidando a dedicar-me em tempo integral ao ministério. Sei que todos os cristãos são chamados a ser ministros e que eu posso servir-Te em qualquer lugar que me puseres na vida. Sei que posso ser um estudioso da Tua palavra e exercer influência onde me encontro.
 Mas sei também que pedes a algumas pessoas que Te sirvam em tempo integral numa igreja ou numa organização ministerial. Peço que, se essa for a Tua vontade para mim, que eu tenha clareza total a esse respeito. Peço que me dês coragem e obediência para seguir esse chamado, mesmo que isso implique uma mudança de vida radical e menos dinheiro. Peço que eu esteja pronto para sacrificar meus planos atuais para ir em busca de aprimoramento e preparação para cumprir esse chamado. Do mesmo modo que o Teu Filho só começou Seu ministério terreno ao completar 30 anos, peço que me dês paciência para dedicar todo o tempo que for necessário para me preparar para ser um ministro eficiente.
 Acima de tudo, dá-me uma visão excelsa de Ti e da Tua missão para mim.
 Sinto-me honrado por me amares e Te comunicares comigo. Se o Teu chamado para a minha vida for para um ministério em tempo integral, aceitarei com toda humildade e gratidão, sabendo que nenhuma outra coisa me trará a alegria e a satisfação de estar no centro da Tua vontade.
 Agradeço-Te no nome santo de Jesus.

Apêndice A

20 PASSAGENS BÍBLICAS IMPORTANTES SOBRE A ORAÇÃO

1. Se o meu povo, sobre quem foi invocado o meu Nome, se humilhar, orar, buscar a minha presença e se arrepender de sua má conduta, eu, do céu, escutarei, perdoarei seus pecados e sararei seu país. (2 Crônicas 7,14)
2. Ouve, Senhor, a causa justa, atende ao meu clamor; dá ouvidos à minha súplica, que não sai de lábios mentirosos. Que minha sentença provenha de tua face, teus olhos vejam onde está a retidão. Podes sondar-me o coração, visitar-me pela noite, provar-me com fogo: murmuração nenhuma achas em mim; minha boca não transgrediu como costumam os homens. Eu observei a palavra dos teus lábios, no caminho prescrito mantenho os meus passos; meus pés não tropeçaram nas tuas pegadas. Eu clamo a ti, pois tu me respondes, ó Deus! Inclina para mim teu ouvido, ouve a minha oração. (Salmo 17,1-6)
3. "Porque a mim se apegou, eu o livrarei, eu o protegerei, pois conhece o meu nome. Ele me invocará e eu responderei: Na angústia estarei com ele, eu o livrarei e o glorificarei; vou saciá-lo com longevidade e lhe mostrarei a minha salvação." (Salmo 91,14-16)

4. O sacrifício dos ímpios é abominação, odioso e sumamente ofensivo para o Senhor, mas a oração dos homens retos é seu deleite. (Provérbios 15,8 AMP)
5. Escutai-me e vinde a mim, ouvi-me e haveis de viver. Farei convosco uma aliança eterna, assegurando-vos as graças prometidas a Davi. [...] Procurai o Senhor enquanto pode ser achado, invocai-o enquanto está perto. Abandone o ímpio o seu caminho, e o homem maus os seus pensamentos, e volte para o Senhor, pois terá compaixão dele, e para o nosso Deus, porque é rico em perdão. "Com efeito, os meus pensamentos não são os vossos pensamentos, e os vossos caminhos não são os meus caminhos", diz o Senhor. (Isaías 53,3, 6-8)
6. "Ouvistes o que foi dito: 'Amarás o teu próximo e odiarás o teu inimigo'. Eu, porém, vos digo: amai os vossos inimigos e orai pelos que vos perseguem; desse modo vos tornareis filhos do vosso Pai que está nos céus." (Mateus 5,43-45)
7. "E quando orardes, não sejais como os hipócritas, porque eles gostam de fazer oração pondo-se em pé nas sinagogas e nas esquinas, a fim de serem vistos pelos homens. Em verdade vos digo: já receberam a sua recompensa. Tu, porém, quando orares, entra no teu quarto e, fechando tua porta, ora ao teu Pai que está lá, no segredo; e o teu Pai, que vê no segredo, te recompensará. Nas vossas orações, não useis de vãs repetições, como os gentios, porque imaginam que é pelo palavreado excessivo que serão ouvidos. Não sejais como eles, porque o vosso pai sabe do que tendes necessidade antes de lho pedirdes. Portanto, orai desta maneira: Pai nosso que estás nos céus, santificado seja o teu Nome, venha o teu Reino, seja feita a tua Vontade na terra, como

no céu. O pão nosso de cada dia dá-nos hoje. E perdoa-nos as nossas dívidas como também nós perdoamos aos nossos devedores. E não nos exponhas à tentação, mas livra-nos do Maligno." (Mateus 6,5-13)

8. "Pedi e dar-se-vos-á; buscai e achareis; batei e abrir-se-vos-á. Pois quem pede, recebe; quem busca, acha; a quem bate, se lhe abrirá. Quem dentre vós dará uma pedra a seu filho, se este lhe pedir pão? Ou lhe dará uma cobra, se lhe pedir peixe? Ora, se vós que sois maus sabeis dar boas dádivas aos vossos filhos, quanto mais o vosso Pai que está nos céus dará coisas boas aos que lhe pedem!" (Mateus 7,7-11)

9. "Em verdade ainda vos digo: se dois de vós estiverem de acordo na terra sobre qualquer coisa que queiram pedir, isso lhes será concedido por meu Pai que está nos céus. Pois onde dois ou três estiverem reunidos em meu nome, ali estou eu no meio deles." (Mateus 18,19-20)

10. "Vigiai e orai, para que não entreis em tentação, pois o espírito está pronto, mas a carne é fraca." (Mateus 26,41)

11. Jesus respondeu-lhes: "Tende fé em Deus. Em verdade vos digo, se alguém disser a esta montanha: ergue-te e lança-te ao mar, e não duvidar no coração, mas crer que o que diz se realizará, assim lhe acontecerá. Por isso vos digo: tudo quanto suplicardes e pedirdes, crede que recebestes, e assim será para vós. E quando estiverdes orando, se tiverdes alguma coisa contra alguém, perdoai-lhe para que também o vosso Pai que está nos céus vos perdoe as vossas ofensas". (Marcos 11,22-25)

12. Vivia em Cesareia um homem chamado Cornélio, centurião da coorte itálica. Era piedoso e temente a Deus, com toda a sua casa; dava muitas esmolas ao povo e orava a Deus

constantemente. Ele viu claramente, em visão, cerca da nona hora do dia, o Anjo do Senhor entrando em sua casa e chamando-o: "Cornélio!". Fixando os olhos nele e cheio de temor, perguntou-lhe: "Que há, Senhor?". E o anjo lhe disse: "Tuas orações e tuas esmolas subiram até a presença de Deus e ele se lembrou de ti". (Atos 10,1-4)

13. Assim também o Espírito socorre a nossa fraqueza, porque não sabemos o que pedir como convém. Mas o próprio Espírito intercede por nós com gemidos inefáveis, e Aquele que perscruta os corações sabe o que deseja o Espírito; pois é segundo Deus que ele intercede pelos santos. (Romanos 8,26-27)

14. Orai em todo tempo (em toda ocasião, em todas as épocas) no Espírito, com toda [espécie] de oração e súplica. Para isso vigiai e estai atentos com propósito firme e perseverança, intercedendo por todos os santos (povo consagrado de Deus). (Efésios 6,18 AMP)

15. Alegrai-vos sempre no Senhor! Repito: alegrai-vos! Que a vossa moderação se torne conhecida de todos os homens. O Senhor está próximo! Não vos inquieteis com nada; mas apresentai a Deus todas as vossas necessidades pela oração e pela súplica, em ação de graças. Então a paz de Deus, que excede toda a compreensão, guardará os vossos corações e pensamentos, em Cristo Jesus. (Filipenses 4,4-7)

16. Sede zelosos, incansáveis e perseverantes em vossa oração [vida], sendo [tanto] vigilantes quanto atentos em [vossa oração] com ação de graças. (Colossenses 4,2 AMP)

17. Ficai sempre alegres [em vossa fé], regozijai-vos e rejubilai-vos continuamente (sempre); orai sem cessar [rezando com perseverança]; dai graças [a Deus] em tudo [sejam quais

forem as circunstâncias, sede agradecidos e dai graças], pois esta é a vontade de Deus para vós [que sois] em Cristo Jesus [o Revelador e Mediador dessa vontade]. (1 Tessalonicenses 5,16-18 AMP)

18. Eu recomendo, pois, antes de tudo, que se façam pedidos, orações, súplicas e ações de graças, por todos os homens, pelos reis e todos os que detêm a autoridade, a fim de que levemos uma vida calma e serena, com toda piedade e dignidade. Eis o que é bom e aceitável diante de Deus, nosso Salvador, que quer que todos os homens sejam salvos e cheguem ao conhecimento da verdade. [...] Quero, portanto, que os homens orem em todo lugar, erguendo mãos santas, sem ira e sem animosidade. (1 Timóteo 1,1-4, 8)

19. Sofre alguém dentre vós um contratempo? Recorra à oração. Está alguém alegre? Cante. Alguém dentre vós está doente? Mande chamar os presbíteros da Igreja para que orem sobre ele, ungindo-o com óleo em nome do Senhor. A oração da fé salvará o doente e o Senhor o porá de pé; e se tiver cometido pecados, estes serão perdoados. Confessai, pois, uns aos outros, os vossos pecados e orai uns pelos outros, para que sejais curados. A oração fervorosa do justo tem grande poder. (Tiago 5,13-16)

20. Esta é a confiança que temos em Deus: se lhe pedimos alguma coisa segundo a sua vontade, ele nos ouve. E, se sabemos que ele nos ouve em tudo o que lhe pedimos, sabemos que obtemos o que havíamos pedido. (1 João 5,14-15)

Apêndice B

BREVE LIÇÃO SOBRE A ORAÇÃO

Em Lucas 11,1, lemos que Jesus se afastou da multidão, acompanhado de seus discípulos, com o objetivo de ensiná-los a orar. Isso significa que nem sempre a oração surge espontaneamente. Significa que precisamos praticar e amadurecer na vida de oração.

Talvez você não perceba nenhum resultado das suas preces no início. Talvez você não sinta a presença de Deus. Ao desenvolver sua vida de oração, porém, você descobrirá que ela é uma fonte extraordinária de poder, de liberdade e de orientação para a vida.

Cinco Elementos da Oração

LOUVOR

Quando louvamos a Deus, falamos bem d'Ele. Reconhecemos que Ele criou o universo e todos os seres vivos que nele habitam, incluindo você; que Ele nos redimiu por meio do sangue de Jesus, que morreu na cruz pelos nossos pecados e depois ressuscitou; que Ele nunca desonrou Sua promessa de sempre nos amar e cuidar de nós.

Deus é onipotente, onisciente, bom, fiel e amoroso. Não é de surpreender que Ele queira que O louvemos. Certamente, o louvor apraz a Deus. Mais do que isso, no entanto, louvar é bom e proveitoso para nós, pois esse ato nos lembra constantemente de quem Deus é e de quem nós somos.

Deus é o Criador. Nós somos criaturas. Com o louvor, lembramos que não somos agentes independentes. Dependemos da ação e do interesse contínuos de Deus em nossa vida e no mundo. Mesmo que nós e a humanidade toda deixemos de dedicar algum tempo ao louvor a Deus por Ele ser quem é, persiste o fato de que somos dependentes d'Ele.

Em Romanos 1,21-23, lemos: "Pois, tendo conhecido a Deus, não o honraram como Deus nem lhe renderam graças; pelo contrário, eles se perderam em vãos arrazoados, e seu coração insensato ficou nas trevas. Jactando-se de possuir a sabedoria, tornaram-se tolos e trocaram a glória do Deus incorruptível por imagens do homem corruptível, de aves, quadrúpedes e répteis".

Em nossa cultura, o culto de "imagens" está ativo e prospera. Esses ídolos não são necessariamente feitos de pedra, ouro ou prata. Mas podemos ver em toda parte os ídolos das realizações científicas, da inteligência humana, da prosperidade, da tecnologia e do acúmulo de riquezas.

Os insensatos continuam a adorar as criaturas em vez do Criador. Quando nos dedicamos ao louvor a Deus mediante nossa vida de oração, evitamos o devastador pecado do orgulho.

AÇÃO DE GRAÇAS

Para muitos, "dar graças" é um ato celebrado apenas uma vez por ano, no "Dia de Ação de Graças". Não vivemos num mundo muito "agradecido". De modo geral, não somos tão gratos como deveríamos ser. Prendemo-nos ao que não conseguimos, em vez de nos atermos ao que recebemos e temos.

O Salmo 105 nos convida a comparecer diante de Deus com o coração agradecido. Em Filipenses 4,4-8, o apóstolo nos recomenda dar graças em todas as coisas. Agradecemos a Deus por tudo o que temos e por tudo o que Ele faz por nós. Reconhecemos que toda dádiva e toda aptidão que possuímos procedem de Deus.

Agradecemos a Deus mesmo quando coisas ruins acontecem? Agradecemos a Deus até mesmo pelo que nos desgosta?

Segundo Filipenses 4,6, devemos agradecer em todas as situações: "mas em tudo, pela oração e pela súplica, *com ação de graças*, apresentai vossas necessidades a Deus" (itálicos nossos).

Essas palavras não implicam que devemos agradecer pelo que nos acontece de ruim, mas agradecer *apesar* disso. Fixamo-nos no copo meio cheio, não no copo meio vazio. Não precisamos ignorar o que é ruim, como que extasiados ou entorpecidos. Mas, mesmo nas piores situações, podemos pelo menos agradecer pelo fato de que Deus está conosco e nunca nos abandona!

Sem dúvida, a gratidão está intimamente relacionada ao louvor. A diferença é que louvamos a Deus por Ele ser quem é, e agradecemos a Deus o que Ele fez por nós e pelas muitas dádivas e capacidades que nos deu.

CONFISSÃO

Uma das maiores dificuldades que temos na vida é admitir o erro cometido.

Eu errei. Estraguei tudo. Só atrapalhei. Eu pequei.

Imagine como Davi se sentiu humilhado quando confessou seu ato de adultério com Betsabeia e como mandou matar Urias, marido dela, para encobrir o fato. No Salmo 51, mergulhado em profunda aflição, Davi brada aos céus, reconhecendo que havia pecado contra Deus e contra os homens. Do mesmo modo Isaías, ao tomar consciência de sua condição de pecador, lançou-se por terra e gritou, "Ai de mim, estou perdido!" (6,5).

Não só a confissão faz bem à alma, como também é essencial para nos relacionarmos com Deus. Não podemos omiti-la da nossa vida de oração. Com Davi, reconhecemos que pecamos contra Deus e contra o próximo. Pedimos perdão. E, ao pedi-lo, admitimos a gravidade do pecado. Somos purificados. Somos motivados a não pecar mais. Ficamos purificados para poder continuar em comunhão com Deus.

Ocorreu algo em sua vida à semelhança do que aconteceu com Davi? Você tem algum pecado, alguma situação não resolvida em sua vida? Você mantém atitudes e comportamentos que o impedem de ser como Deus quer que você seja? Por que você não admite esse fato — pura, simples e rapidamente — neste exato instante?

PETIÇÕES

Inúmeras passagens bíblicas nos recomendam levar tudo a Deus em oração, incluindo nossas necessidades e carências. Lembre-se, Deus quer que levemos nossos pedidos a Ele. Tiago diz, "Não possuís porque não pedis" (4,2). Como um pai ou uma mãe quer saber do que seu filho precisa, do mesmo modo Deus quer que levemos nossas necessidades a Ele.

A súplica mais importante é a que Jesus fez no Jardim das Oliveiras: "Pai, [...] não a minha vontade, mas a tua seja feita" (Lucas 22,42). Essa prece impede que oremos levados por motivos egoístas ou por razões errôneas. É Tiago novamente que nos diz, "Pedis, mas não recebeis, porque pedis mal [...]" (4,3). Quando dizemos a Deus, "Não a minha vontade, mas a tua seja feita", mantemos nossos motivos livres de segundas intenções.

Às vezes Deus responde: "Não". Eu gostaria de dar aos meus filhos tudo o que eles querem, mas seria um pai irresponsável se fizesse isso. Algumas coisas são prejudiciais para eles; para outras, eles não estão preparados. Por isso, Deus às vezes não atende aos nossos pedidos. Ao levar os seus pedidos a Deus, lembre-se de que Ele vê mais do que você. Esteja disposto a retirar e reformular seus pedidos ao ter a impressão de que Deus negará o que você Lhe pedir. Outras vezes Deus responde de uma maneira diferente da que esperamos. Faz parte da fé alimentarmos uma expectativa confiante. Isso é ótimo. No entanto, não deixe que essa expectativa se transforme em expectativas rígidas quanto ao modo como Deus deve atender às suas orações. Muito provavelmente, Ele dispõe de um modo bem mais apropriado de responder à sua oração do que você possa sequer imaginar.

Muitas vezes precisamos esperar as respostas. Vivemos definitivamente numa sociedade do *agora*. Restaurantes *fast-food* garantem que você tenha o alimento de imediato. Assim que você começa a trabalhar e a ter um salário, operadoras de cartões de crédito insistem em possibilitar-lhe a aquisição de qualquer produto ou engenhoca que deseje no momento, quer você tenha ou não condições para arcar com essas despesas.

Suas necessidades serão atendidas. No Sermão da Montanha, Jesus lembra aos seus discípulos que não é preciso preocupar-se com as necessidades básicas da vida: "Olhai as aves do céu: não semeiam nem colhem, nem ajuntam em celeiros. E, no entanto, vosso Pai celeste as alimenta. Ora, não valeis vós mais do que elas?" (Mateus 6,26). Isso não é um incentivo à irresponsabilidade. É um lembrete da atenção contínua de Deus para com a nossa vida. Ele conhece as nossas necessidades e haverá de supri-las.

Não se surpreenda quando Deus atender às suas preces! Você já orou pedindo alguma coisa, foi atendido, e depois não deu o devido crédito a Deus? "Talvez tenha sido uma coincidência!" Uma pessoa notou que "coincidências" sempre ocorriam com muito maior frequência em sua vida quando ela orava do que quando não orava. Não se surpreenda com certas "coincidências" em sua vida que podem parecer respostas à oração.

Não se esqueça de agradecer a Deus pelas respostas às suas preces. Talvez você precise reler várias vezes a seção "Ação de Graças" deste capítulo antes de compreender o real significado da gratidão. Precisamos lembrar-nos constantemente de agradecer a Deus por tudo o que Ele realiza em nossa vida. Em Lucas 17,11-19, Jesus cura dez leprosos. Quantos se lembraram de agradecer-Lhe? Somente um. Você pode estar entre a minoria, mas faz todo sentido ser uma pessoa que se lembra de dizer, "Obrigado, Jesus".

INTERCESSÃO

Há um tipo especial de oração chamada "intercessora". O que acontece na oração intercessora é que nos dirigimos a Deus em nome de outra pessoa. Muitas vezes a intercessão é em favor de alguém que não é cristão e não ora por si mesmo.

É esse fato que muitas vezes dificulta a compreensão da oração intercessora. Sabemos que cada indivíduo é responsável diante de Deus pela própria vida. Ninguém pode obrigar outra pessoa a se tornar cristã; nem Deus exige isso. No entanto, quando intercedemos por uma pessoa por meio da oração, ela pode ser levada a uma tomada especial de consciência e de decisão a respeito de Deus. O Espírito Santo se comunica com ela de maneira mais intensa porque oramos por ela. O fator principal não é a fé da pessoa, mas a fé do intercessor.

Podemos também interceder por pessoas quando estão doentes; quando passam por provações e tribulações; quando vivem situações em que precisam de um apoio a mais de outros cristãos. Para muitos, a intercessão é um ministério poderoso. Mas não é fácil. São necessárias persistência inabalável, fé contínua, lágrimas e sentimentos profundos pela pessoa, e muitas vezes renúncias e a ajuda de terceiros que se unem a você em oração.

Não podemos esquecer que, especialmente quando oramos pela salvação de alguém, Deus não desrespeitará o livre-arbítrio dessa pessoa. Ele deu a todos a opção de viver a favor d'Ele ou contra Ele. O que se pode fazer é insistir e perseverar na oração até que a pessoa por si mesma comece a sentir a presença de Deus em sua vida. Somente essa pessoa decide como responderá a essa percepção de Deus.

ORAR SEM CESSAR

A oração precisa ser um hábito cultivado como um processo e uma força contínuos em sua vida. Coloque lembretes para si mesmo em livros, nos bolsos, na roupa, no quarto, de modo que a oração se torne uma conversa com Deus ao longo de todo o dia. Crie o hábito de oferecer breves orações a Deus no decorrer do dia inteiro.

SUA ATITUDE NA ORAÇÃO

A reverência apropriada a Deus é sempre imprescindível. Dos Dez Mandamentos, os primeiros quatro nos orientam para o respeito e a veneração adequada que devemos ter para com nosso Pai Celeste. Por exemplo, não devemos usar o nome de Deus em vão, isto é, com displicência.

Mas devemos também notar que em Romanos 8,15, Paulo diz que podemos chamar Deus de "Abba, Pai". Abba significa *Pai, Papai*. Deus não é um soberano distante que quer que nos rebaixemos diante d'Ele. Ele é um "Pai" amoroso.

Você pode se dirigir a Deus em oração com a mesma familiaridade com que se aproxima de um pai terreno bondoso e amável. Não há necessidade de orar com uma linguagem elegante ou rebuscada. Você pode falar com Ele assim como falaria com seu melhor amigo, usando o mesmo tipo de palavras e expressões. Isso não é sinal de desrespeito, é o nosso modo de aceitar o convite de Deus para fazermos parte da Sua família.

Índice das Escrituras

GÊNESIS

Gênesis 2,24 26
Gênesis 12,1-3 150
Gênesis 28,15 74

ÊXODO

Êxodo 9,16 184

NÚMEROS

Números 6,24-26 66

DEUTERONÔMIO

Deuteronômio 5,16 46
Deuteronômio 7,9 52
Deuteronômio 11,18-21 20
Deuteronômio 15,7, 11 176
Deuteronômio 28,12-13 108
Deuteronômio 30,19-20 110
Deuteronômio 31,6 60
Deuteronômio 33,25 78

JOSUÉ
Josué 1,9 150

2 SAMUEL
2 Samuel 7,28-29 42

2 REIS
2 Reis 18,5-7 106

SALMOS
Salmo 18,7 86
Salmo 27,14 102
Salmo 37,4 26
Salmo 40,2-3 116
Salmo 61,1-4 78
Salmo 75,7-8 104
Salmo 85,8-9 24
Salmo 90,17 92
Salmo 91,1-2 56
Salmo 91,14-16 14
Salmo 100,4-5 80
Salmo 103,1-5 46
Salmo 103,8-12 140
Salmo 103,12 58
Salmo 115,12-15 34
Salmo 119,25-28 86
Salmo 121 60
Salmo 121,5-8 14
Salmo 133,1, 3 44
Salmo 139,13-17 28

PROVÉRBIOS

Provérbios 3,3-4	152
Provérbios 3,5-6	144
Provérbios 3,11-12	50
Provérbios 9,10	32
Provérbios 13,4	110
Provérbios 17,22	160
Provérbios 20,7	52
Provérbios 22,1-2	152
Provérbios 22,6	32
Provérbios 22,7	120

ECLESIASTES

Eclesiastes 2,24,26	98
Eclesiastes 4,9-10	84

CÂNTICO DOS CÂNTICOS

Cântico dos Cânticos 6,3	34

ISAÍAS

Isaías 6,8	188
Isaías 9,5	164
Isaías 30,20-21	114
Isaías 40,31	146
Isaías 43,18-19	64
Isaías 53,5	76
Isaías 53,6	140
Isaías 61,10	160

JEREMIAS
Jeremias 3,15	136
Jeremias 17,7-8	70
Jeremias 29,11	114
Jeremias 33,3	40

LAMENTAÇÕES
Lamentações 3,22-24	116
Lamentações 3,25-26	182

DANIEL
Daniel 2,21-22	118

JOEL
Joel 2,13	130
Joel 3,1, 5	24

MIQUEIAS
Miqueias 6,8	100
Miqueias 7,7	94

ZACARIAS
Zacarias 4,6	124

MATEUS
Mateus 5,23-24	100
Mateus 5,24-25	62
Mateus 5,43-45	186
Mateus 6,14-15	62
Mateus 6,25-27	82

Mateus 6,33	162
Mateus 7,7-11	112
Mateus 7,15	154
Mateus 11,28-29	56
Mateus 11,28-30	156
Mateus 19,4-6	48
Mateus 26-41	168
Mateus 28,18-20	188
Mateus 28,20	74

MARCOS

Marcos 9,24	158
Marcos 9,35	178
Marcos 11,25	132

LUCAS

Lucas 2,13-14	164
Lucas 6,37	88
Lucas 8,22-24	66
Lucas 9,23-25	162
Lucas 14,28-30	120

JOÃO

João 3,16-17	186
João 10,1-5	20
João 13,34-35	36
João 15,12-13	84
João 16,23-24	112
João 16,33	148
João 20,24-25	158

ATOS

Atos 16,34	42
Atos 20,28	170

ROMANOS

Romanos 7,21-25	168
Romanos 8,1	58
Romanos 8,18	30
Romanos 8,26-27	40
Romanos 8,28	178
Romanos 8,35-39	148
Romanos 12,1-2	68
Romanos 12,9-10	16
Romanos 15,5-6	142

1 CORÍNTIOS

1 Coríntios 10,13	124
1 Coríntios 10,31-33	180
1 Coríntios 13,4-8	38
1 Coríntios 14,33	144

2 CORÍNTIOS

2 Coríntios 9,7-8	108
2 Coríntios 5,17	64
2 Coríntios 9,8	146

GÁLATAS

Gálatas 5,7-10	170
Gálatas 6,9	92; 172

EFÉSIOS

Efésios 2,8-10	184
Efésios 4,3	44
Efésios 4,26-27	72
Efésios 4,31-32	18
Efésios 5,21-27	16
Efésios 6,4	50
Efésios 6,10-12	16

FILIPENSES

Filipenses 1,6	138
Filipenses 2,1-4	88
Filipenses 3,8	166
Filipenses 3,13-14	172
Filipenses 4,8	68
Filipenses 4,11	22
Filipenses 4,12	166
Filipenses 4,13	70
Filipenses 4,19-20	94

COLOSSENSES

Colossenses 1,11	126
Colossenses 1,16-17	118
Colossenses 3,12-14	132
Colossenses 3,23-24	96
Colossenses 4,2	128

1 TESSALONICENSES

1 Tessalonicenses 5,16-18	80

2 TESSALONICENSES
2 Tessalonicenses 2,16-17 182

1 TIMÓTEO
Timóteo 4,11-14 136
Timóteo 4,12 134

2 TIMÓTEO
2 Timóteo 1,7 82
2 Timóteo 2,15 98

TITO
Tito 2,7-8 134

FILEMOM
Filemon 1,4-6 180

HEBREUS
Hebreus 2,1 130
Hebreus 4,14-16 38
Hebreu 4,16 9
Hebreus 10,23-24 48
Hebreus 10,24 142
Hebreus 12,1 126
Hebreus 13,16 176

TIAGO
Tiago 1,2-4 138
Tiago 1,12 96
Tiago 1,19-21 72

Tiago 4,10 104
Tiago 5,14 30
Tiago 5,16 128

1 PEDRO
1 Pedro 2,18-20 102
1 Pedro 3,8-9 36
1 Pedro 3,14-17 106
1 Pedro 5,7 156
1 Pedro 5,8 22

2 PEDRO
2 Pedro 2,1 154

1 JOÃO
1 João 3,1 28
1 João 5,14 76

Impressão e acabamento:

Orgrafic
Gráfica e Editora
tel.: 25226368